역사는 식탁에서 이루어진다

역사는 식탁에서 이루어진다

역사적 순간과 함께한 세기의 요리 50

마리옹 고드프루아 · 자비에 덱토 지음

뤼실 클레르 그림 | 다니엘 부르주아 자문

강현정 옮김

Marion Godfroy-T. de Borms et Xavier Dectot
Avec l'aimable participation du fr. Daniel Bourgeois
et illustrations de Lucille Clerc

CITRON MACARON

이 글을 쓴 우리는 『역사는 식탁에서 이루어진다』를 선택한 독자에게, 이 책은 아름다운 몸매를 유지하는 데 위험할 뿐 아니라 심지어 나쁜 영향을 끼칠 것이며, 디톡스 요법이나 통 알곡, 해조류 섭취 등 몸에 이로운 특별한 식단에 대한 영감은 전혀 주지 않고, 오히려 그 같은 건전한 영양 섭취를 권장하는 영양학자들의 의견에 찬물을 끼얹을 뿐이라고 말하고 싶다.

독자들은 되도록 전유(全乳. 갓 짜낸 비멸균 생우유면 더 좋다)와 자연 방사한 닭(사료통 옆에 몰아넣고 기르는 대신, 넓은 들판을 돌아다니며 곡식을 쪼아 먹도록 풀어 놓은 닭)이 낳은 달걀, 푸줏간 청년이 판매하는(성격이 깐깐하면 더 좋다) 해당 지역에서 생산된 고기, 사냥한 동물 고기, 베테랑 생선 가게 주인이 경매시장에서 잘 골라 온 싱싱한 생선을 먹는 것이 좋을 것이다. 또한 텃밭이나 베란다에서 기른 허브를 사용하고, 요리에는 겉에만 살짝 게랑드[1] 소금을 뿌리라고 권한다. 재래식 전기 오븐과 컨벡션 오븐[2]을 혼동하지 말아야 하며, 사과, 배, 토마토 등의 채소가 둥글고 윤기 나고 단단하다고 해서 반드시 좋은 것은 아니고, 깨끗하게 포장된 감자보다는 흙 묻은 감자가 더 오

---

1) 게랑드산 소금(sel de Guérande) : 대서양 연안에 위치한 프랑스 최대 천일염 생산지 게랑드에서 생산한 소금. 점토질이 많은 지표 위에서 태양열과 바람에 의해서만 전통적 방법으로 소금을 생산하고 있으며, 특히 플뢰르드 셀(fleur de sel)은 고급 소금의 대명사로 불린다.
2) 컨벡션 오븐(convection oven, four à convection chaleur tournante) : 열을 순환시키는 팬이 달려 있어, 오븐의 열이 골고루 전달돼 음식을 익히는 대류식 전기 오븐.

래간다는 사실을 알아야 한다. 주방에서 사용하는 작은 나이프나 도마, 셰프 나이프 등 도구는 좋은 것으로 장만할 만한 가치가 있으며, 손님을 초대해 식사를 대접할 때는 예쁜 접시에 나누어 담으면 음식이 빨리 식으므로, 커다란 서빙 식기를 사용해 따뜻하게 나누어 먹는 편이 좋다는 사실도 잊지 말아야 한다. 그뿐 아니라 회색 샬롯이 좋은지(자비에의 선택), 분홍색 샬롯이 좋은지(마리옹의 선택),[3] 혹은 키친 에이드(KitchenAid) 믹서기가 좋은지(자비에), 켄우드(Kenwood) 제품이 좋은지(마리옹) 자신만의 뚜렷한 취향이 있는 것도 긍정적이라 생각한다. 단순히 유기농 제품을 고르는 것 못지않게 지역 생산물 인증제도인 IGP, AOC, AOP를 염두에 두는 것도 중요하다는 사실과 소기름, 돼지비계, 라드 등을 골고루 사용하고 팬에 감자를 볶을 때 절대로 그 기름을 버리지 않는다는 것, 그리고 요리한 다음에는 언제나, 언제나(여러 번 강조해도 지나치지 않다!) 주방과 바닥과 천장(특히 강조!)을 깨끗하게 청소해야 한다는 것도 잊지 말아야 한다.

이러한 친절한 경고를 무시하고 '조리상 잘못된' 시도를 했다가 실망스러운 사태가 벌어진다면, 우리는 독자들이 과학과 열정을 마음껏 활용할 것을 제안한다.

기쁨의 노래가 들릴 것이다! *Gaudeamus !*

---

3) 일반적으로 식탁에서는 정치, 건강, 종교, 신분 등에 관한 대화는 금기시되어 있기 때문에, 이런 종류의 소재가 식사 중의 대화를 풍성하게 만들기 위한 좋은 예가 될 수 있다. 우리 저자들 중 한 명에(누구일까?)에 따르면 프랑스는 세 부류로 나뉜다. 우선, 양파와 분홍색 샬롯을 사용하는 미개인들이다. 이는 마치 루아르(Loire)와 부르고뉴(Bourgogne)의 와인을 섞어 마신다거나, 푸아그라와 송로버섯을 섞는 것과 같다. 두 번째로 양파와 마늘을 사용하는 온건한 중도파가 있으며, 마지막 그룹은 회색 샬롯과 마늘을 사용하는 문명인들이다.

이 책을 시작하며

모든 것은 프랑스령 기아나에서 시작됐다, 그것도 두 번씩이나.

우선 우리가 처음 만난 장소가 바로 그곳이었다. 더 정확히 말하자면 우리가 공통으로 알고 지내던 친구인 로돌프 알렉상드르가 주최한 생 로랑 뒤 마로니 자치구 창립 50주년 기념 학회에 참석하기 위해 탑승했던 비행기 안에서였다. 마리옹은 유배된 도형수에 관해, 자비에는 기아나의 초대 도지사였던 로베르 비뇽에 관해 발표하기로 돼 있었다. 겉으로 보기에는 전혀 딴판인 두 사람이었지만(마리옹은 동부, 자비에는 서부 출신이었고, 한 사람은 '잠시 후에(tantôt)'라는 말을 '금방(bientôt)'이라는 뜻으로, 다른 한 사람은 '오늘 오후에(cet après-midi)'라는 뜻으로 사용했으며, 한 사람은 매년 6월 18일 워털루 전몰자를 추모하는 의미로 검은 상복을 입는 근대사 전공자인 반면, 다른 한 사람은 옛 묘비를 찾아다니는 중세예술 사학자다), 우리는 요리, 즉 맛있는 음식과 그 역사라는 공통의 관심사를 발견했다. 아마도 두 사람의 할아버지가 각각 푸줏간 주인, 제빵사였다는 사실이 그들을 서로 가까워지게 하는 데 결정적 요인이 됐을 것이다(푸줏간 주인이었던 마리옹의 할아버지와 제빵사였던 자비에의 할아버지가 하늘나라에서 이 둘의 결정적인 만남을 지휘하셨을지도 모른다).

자비에는 오랫동안 로베르 비뇽의 전기를 준비하고 있었으나, 그런 작업 계획이 흔히 그러듯이 지연되고 있었다. 그는 도지사(정확히 말하자면 시장)에 관한 자료를 찾던 중 자크 시라크의 여행에 관한 기사를 발견했다.

기아나의 마리파술라에서 크리스마스 휴가를 보내러 왔던 시라크 총리는 특별히 이구아나 요리를 대접받았다고 한다.

자비에는 또 한 사람의 다작 작가인 마리옹에게 이 이야기를 들려줬다. 그녀는 집필 아이디어가 넘쳐났고, 그중 몇몇은 꽤 진지하고 흥미로웠다. 그렇다면 역사와 요리라는 주제로 두 사람이 함께 작업해 책을 쓰지 못할 이유가 있겠는가? 어떤 책이냐고? 역사에 등장하는 요리와 그 레시피를 소개하는 책이다. 이것은 전에 찾아볼 수 없던 새로운 콘셉트였다. 그동안 알려지지 않았거나 금지됐던 수많은 자료를 꼼꼼히 검토해 쉬운 언어로 기록한다는 이 프로젝트는 아주 설레는 기획이었다.

치열한 토론 끝에(중세 전문가인 자비에도 그렇지만 근대사 전공자인 마리옹은 자료가 보도되거나 기록된 정확한 날짜와 시간까지 표기할 정도로 철저했다) 서로 대립하는 지점에서 타협과 조정에 이르고, 문헌 자료 조사에서 나온 여러 요리를 실제로 주방에서 시험하면서 이 책을 완성했다.

구성은 간단하다. 추수감사절 칠면조 요리부터 루이 16세가 좋아한 족발 요리, 송아지 머리 요리를 즐겼던 자크 시라크(또 등장한다)의 식성부터 닭고기 냄비 요리 애호가 앙리 4세의 입맛까지, 수많은 역사적 순간과 중요한 정치적 결정이 특정 요리와 관련 있음을 보여준다. 때로 이것은 의식적으로 연출된 소통의 전략이었다. 샤를 르 테메레르[4]가 주최했던 꿩 요리 연회, TV에 생중계 된 바 있는 덩샤오핑 주최 리처드 닉슨 미 대통령 만찬 등을 그 예로 들 수 있다. 혹은 거꾸로 어떤 특정한 상황에 의해 요리가

---

4) Charles le Téméraire(1433~1477) : 용담공 샤를. 부르고뉴를 통치한 마지막 공작. 그의 치세에 부르고뉴 공국은 가장 크게 번성했으나, 그가 죽은 후 부르고뉴 공국은 급격히 와해되어 결국 프랑스 왕국에 합병됐다. 용맹한 성품으로 용담공, 또는 호담공(le Téméraire)이라는 별명을 갖고 있었다.

탄생한 경우도 있다. 카드 게임에 몰두한 장관이 자리를 옮기지 않고 먹을 수 있게 만든 샌드위치나 마렝고 전투 당시 나폴레옹이 먹었던 치킨 요리 등이 그것이다.

우리는 역사적 순간을 빛내거나 망쳐버린 50가지 요리를 선정했다. 선별 작업은 매우 복잡하고 어려웠다. 역사의 어느 시점에 어떤 이들이 어떤 음식을 먹었는지, 지금은 잊혔지만 미식 차원의 적절한 논평이나 흥미로운 해석의 근거가 있는 요리들을 찾아내야 했기 때문이다.

우리는 자료를 구하고자 프랑스 전역을 샅샅이 뒤졌다. 엄청난 자료의 보고로 알려진 디종의 아스날 도서관에서 식사 주문서가 병기된 사드 후작[5]에 관한 문서를 찾아냈고, 베르사유 시립 도서관에서도 의미 있는 자료들을 수집했다. 또한 외국에서의 자료 수집도 성과가 있었다. 방대한 장서를 갖춘 뉴욕 도서관과 워싱턴 의회 도서관에서 문헌을 꼼꼼히 찾아봤다. 이렇게 수집한 자료들을 분류하고 정리하면서 최종 선택에 이르기까지 열띤 토론이 이어졌다. 수많은 레시피가 쌓여갔다. 최종 메뉴 선정에서 가장 중요한 요건으로 생각했던 것은 과연 이 레시피들을 오늘날 주방에서도 쉽게 실현할 수 있느냐는 점이었다. 결국 하나만 제외하고는 모두 이 기준을 충족했으므로 이를 토대로 목록을 완성했다.

레시피마다 그와 관련한 역사와 그 요리가 유명해진 배경을 기록했다. 잘 알려진 에피소드도 있고 그렇지 않은 것도 있겠지만, 독자가 호기심을 충족하는 데 도움이 되기를 기대한다(이것이 아직 알려지지 않았어요? 엘비스 프

---

5) Marquis de Sade, Donatien Alphonse François(1740~1814) : 도나시앵 알퐁스 프랑수아는 '사디즘'이라는 용어로 잘 알려진 프랑스의 작가이자 사상가이다.

레슬리가 비틀스를 초대한 저녁 식사에 무슨 요리를 대접했을까요? 등). 요리마다 우리는 해당 분야 권위자와 전문가의 의견을 곁들였으며, 본래의 조리법에 최대한 가까우면서도 오늘날 요리에 알맞게 응용한 레시피를 실었다.

이런 과정이 있었기에 요리와 관련 있는 역사적 사건보다 그 요리에 관한 더 많은 연구 조사가 필요하기도 했다.

이 책을 통해 독자도 과거와 현대의 식객들이 그랬듯이 미각의 즐거움을 누렸으면 좋겠다.

별도의 설명이 있는 경우를 제외하고 이 책에 소개된 모든 레시피는 6인분 기준이다. 궁금한 점을 해소하고 더욱 명확한 이해를 돕기 위해 책 끝부분에 요리 전문 용어 목록을 실었다. 때때로 약간 다른 뜻으로 사용되는 조리 용어들을 쉽게 이해하는 데 도움이 되리라 믿는다.

• • • • •

1 황제에게 진상한 노랑촉수
서기 25년경

    강직하고 완고한 성격으로 친절과는 거리가 멀었던 세네카[1]는 동시대 사람들의 맛있는 음식에 대한 맹목적이고 과도한 사랑을 비판하곤 했다. 로마 공화정이 자리를 내주고 새로 들어선 제정에서 황제 측근들의 화려한 생활은 동경과 찬사를 받기도 했으나 그만큼 노골적인 야유의 대상이 됐다. 예술 옹호자였던 메세나[2]가 강건한 기질의 소유자였다면, 마르쿠스 가비우스 아피키우스[3]는 제국의 죄인으로 비난받을 만한 인물이었다. 어느 날 그는 뱃멀미 증세가 있는데도 지중해 최고로 소문난 랑구스트(langouste, 닭새우과의 바닷가재)를 찾아 배를 타고 리비아로 향한다. 아피키우스가 탄 배가 해안에 가까워지자, 좋은 물건을 보면 돈을 아끼지 않는 그의 성격에 관한 소문을 익히 들어온 어부들은 작은 어선을 몰고 가 그가 탄 배에 대고 자기가 잡은 최고의 해산물을 앞다퉈 보여준다. 그러나 랑구스트는 물론이고 다른 해산물도 전혀 마음에 들지 않았던 아피키우스는 실망해서 발을 땅에 딛지도 않고 뱃머리를 돌렸다.

---

1) Lucius Annaeus Seneca(BC 4~AD 65) : 고대 로마 제국 시대의 정치인, 사상가, 문학가. 로마 제국의 황제인 네로의 스승으로도 유명하다.

2) Gaius Clinius Maecenas(BC 70-8) : 고대 로마 제국 시대 아우구스투스(Augustus) 황제의 대신이자 정치가, 시인, 문화 예술 애호가, 옹호자.

3) Marcus Gavius Apicius(BC 25~AD 37) : 고대 로마 시대의 미식가.

이토록 과도한 미식에 관한 관심은 단지 아피키우스에게만 국한된 것은 아니었다. 그는 로마에서 아우구스투스[4] 황제의 먼 친척인 푸블리우스 옥타비우스[5]와 경쟁하게 된다. 세네카는 티베리우스[6] 황제의 에피소드를 다음과 같이 전한다.

4파운드 반짜리 노랑촉수 한 마리가 티베리우스에게 진상됐다. 그는 이를 얼른 시장에 내다 팔기로 하면서 이렇게 말했다. '여러분, 제 생각이 틀리지 않는다면, 이 생선은 반드시 아피키우스나 푸블리우스 옥타비우스가 사 갈 것입니다.' 경매가 시작되자 황제의 예상대로 결국 옥타비우스가 이것을 샀다 (…) 카이사르(티베리우스 황제)가 내다 판 생선을, 게다가 경쟁자 아피키우스는 살 엄두조차 내지 못한 진미 중 진미를 세스테르티우스 황동화[7] 5,000냥을 주고 샀다니 이 얼마나 큰 영광인가….

황제를 둘러싼 주변인들의 미식 경쟁은 갈수록 심해졌다. 게다가 황제 자신이 부추기기도 했는데, 이 또한 권력의 근간 중 하나로 여겼기 때문이었다. 경쟁자들이 각자 자신을 제치고 최상급 알바산 흰 송로버섯[8]을 손에

---

4) Imperator Caesar Divi Filius Augustus(BC 63~AD 14) : 로마 제국의 초대 황제.

5) Publius Octavius : 티베리우스 황제 집권 시절 유명했던 미식가.

6) Tiberius Julius Caesar Augustus(BC 42~AD 37) : 로마 제국의 제 2대 황제로, 아우구스투스 초대 황제의 양아들이다.

7) sestertius(sesterces) coins : 세스테르티우스 황동화는 로마 제국에서 가장 대중적으로 유통됐던 동전이다. 당시 세 종류의 주화가 통용됐는데, 데나리우스(Denarius) 은화는 세스테르티우스 4개, 아우레우스(Aureus) 금화는 데나리우스 25개, 즉 세스테르티우스 100개의 가치를 지니고 있었다.

8) White Alba Truffle, Truffe blanche d'Alba : 이탈리아 피에몬테 지방 알바에서 생산되는 최고급 서양 흰 송로버섯으로 주로 10월~12월이 수확철이다.

넣지 못하게 하려고 경매에서 엄청난 금액을 부르는 등 과열 경쟁은 오늘날 우리 시대에서만 볼 수 있는 현상이 아니었다. 그 조짐이 벌써 로마제국 시대에 싹트고 있었던 것이다.

하지만 아피키우스는 단지 이런 미식 열망만을 추구하는 사람은 아니다. 특히 그는 아주 세련된 요리사의 본보기였다.

그의 지휘와 후원으로 로마 시대 대표 요리책인 『요리에 관하여(*De re coquinaria*)』가 탄생한다. 이후 400년대에 다시 편집 정리돼 편찬된 이 책은 로마 시대 음식 요리법을 담고 있다. 식재료 종류가 무궁무진하고, 돼지뿐 아니라 다른 동물, 심지어 공작새, 백조, 홍학의 고기도 모두 맛있다고 한다. 이 책에 끊임없이 등장하는 또 하나의 재료는 가룸(garum)이다. 이것은 발효된 생선 액젓 소스로 니스의 피살라(pissalat)나 베트남이나 태국 등지에서 많이 쓰는 동남아의 피시소스 느억맘(nuoc-mâm)과 비슷하며, 토마토 등의 소스가 없던 시절 일종의 농후제(liaison)로 사용됐다. 이 책에서는 생선 경매에서 아깝게 패한 일화를 상기시키는 노랑촉수 요리 레시피를 볼 수 있다.

옛 황제들은 빵과 연회로 백성의 부러움을 샀을까? 아니다. 그것은 생선과 와인이었다.

아피키우스 붉은 생선
Poisson rouge Apicius

- 노랑촉수(rouget barbet) 또는 성대(grondin) 2마리,
  혹은 민물농어(sébaste) 1마리
- 올리브오일 1테이블스푼
- 양파 1개
- 통후추 1테이블스푼
- 캐러웨이 씨(carvi, caraway seed) 1테이블스푼
- 셀러리 씨 1테이블스푼
- 타임 잎 1테이블스푼
- 아르부아 뱅 존(vin jaune d'Arbois)* 2테이블스푼
- 와인식초 1테이블스푼
- 가룸(니스 피살라 또는 느억맘 피시소스로 대체 가능) 1테이블스푼
- 밀가루 1테이블스푼

오븐 용기에 생선을 넣고 올리브오일을 골고루 바른다. 오븐(일반 전기 오븐)을 200°C로 예열한다.

생선을 오븐에 넣고 15분간 익힌다. 양파를 잘게 다진 뒤 절구에 넣고 후추, 캐러웨이 씨, 셀러리 씨, 타임과 함께 곱게 찧어 균일한 질감의 페이스트를 만든다. 뱅 존 와인, 식초, 가룸을 넣고 소스가 매끈하게 혼합될 때까지 곱게 찧어

---

* vin jaune : 쥐라 지방의 특산 화이트와인으로 황금빛을 띤다. 사바냉 품종의 포도를 사용하며, 오크통에서 숙성시키는 동안 일부러 산소에 노출시키는 쥐라의 전통적인 방식으로 만든다.

섞는다. 소스팬에 옮겨 담고 중불에 올린다. 체에 친 밀가루를 넣고 잘 저으며 익힌다. 주걱으로 떠 올렸을 때 묻어 있을 정도의 걸쭉한 농도가 될 때까지 잘 저어준다. 소스가 뭉쳐 덩어리가 생기면 핸드 블렌더로 잠깐 갈아주면 된다. 간을 맞춘다.

미리 데워둔 접시에 생선 필레를 담고, 소스를 끼얹어 서빙한다.

2 라비올리 라자냐
13세기

우리가 알고 있다고 믿는 것과 전혀 다른 것이 한 가지 있다면 그것은 아마도 파스타의 역사일 것이다. 파스타가 유럽에 처음 등장한 흔적을 찾자면 굳이 마르코 폴로 시대까지 기다릴 필요가 없다. 물론 토마토가 유럽에 처음 상륙한 시기는 16세기지만, 이미 파스타의 기초는 준비돼 있었다. 아피키우스의 저서 『요리에 관하여』에는 라자냐의 레시피(여기서 걸쭉한 소스를 만드는 데 사용된 재료는 가룸이다)가 나온다. 12세기 영국의 한 요리사는 작은 미트볼을 반죽으로 감싸 익히는 일종의 고기만두 비슷한 음식을 최초로 개발했는데, 이를 기름에 튀기는 것이 아니라 끓는 물에 데쳐 익혔고, 이것이 바로 라비올리의 시초가 됐다.

겉으로 보기엔 단순하고 소박한 음식인 파스타는 단순히 대중 식사 메뉴에 그치지 않는다. 왕자의 식탁에도 등장한 예를 찾아볼 수 있다. 13세기 게르만 출신 신성 로마제국 황제 중 취향이 가장 세련되고 고급스러웠던 프리드리히 2세[1]는 나폴리 왕궁에 이탈리아 반도뿐 아니라 프랑스에 거주하는 수많은 예술가를 불러들였고, 그들에게 로마의 위대함과 고딕 양식

---

1) Friedrich II, Frédéric II(1194~1250) : 신성 로마 제국 호엔슈타우펜(Hohenstaufen)가의 황제(재위 1220~1250), 시칠리아의 왕. 스위스 역사가 부르크하르트로부터 '왕위에 오른 최초의 근대 인간'이라는 평가를 받은 중세의 가장 진보적인 군주로 알려졌으며, 자연과학, 언어, 법률 등에서 두각을 나타낸 당시 최고의 시성을 가진 인물이었다.

의 정교한 아름다움을 널리 알렸다. 예술과 문학 애호가이자 일상의 즐거움을 추구했던 그는 자신이 열정을 보였던 사냥과 요리에 관한 책을 여러 권 쓰기도 했고, 그런 책들의 출간을 적극 장려했다.

프리드리히 2세의 『요리책(*Liber de coquina*)』은 대 로마제국의 위대함과 프랑스의 사치스러운 문화를 통합한 식문화를 보여주는 책으로 파스타에 대한 애정을 여실히 드러낸다. 비교적 복잡하고 활기찬 스타일의 설명이 담긴 요리책으로, 라비올리를 넣은 라자냐 파이라는 놀라운 레시피를 보면 이해할 수 있을 것이다.

라비올리 라나쟈 파이
Torta de lassanis (cum raviolos)

- 파트 브리제(시판용) 1장 반 혹은 :
  버터 190g, 소금 한 자밤, 밀가루 375g, 달걀노른자 2개분
- 라자냐 생 파스타 혹은 :
  밀가루 200g, 달걀 2개
- 시판용 라비올리 10개 정도 혹은 :
  밀가루 100g, 달걀 1개, 파르마 햄 25g, 리코타 치즈 100g
  달걀노른자 1개
- 칼로 썬 소를 채워 만든 가는 수제 소시지 1m(또는 1kg)
- 유청에 담근 모차렐라 치즈 200g
- 달걀 2개
- 판체타 200g
- 카트르 에피스 1테이블스푼
  (quatre épices : 후추, 넛멕, 정향, 계피 등 네 가지 향신료 믹스)
- 가늘게 간 파르메산 치즈 50g

파트 브리제(pâte brisée) **만들기 :** 우선 버터를 잘게 자른 뒤 손가락으로 으깨고 소금, 밀가루와 섞는다. 가운데를 우물처럼 움푹하게 만든 다음 달걀노른자를 넣고 조금씩 섞는다. 필요에 따라 약간의 물과 밀가루를 가감하여 단단한 밀도와 탄력 있는 질감의 반죽을 완성한다. 밀대를 사용하여 반죽의 2/3 분량을 둥그렇게 민다. 나머지 반죽을 이용하여 작은 비둘기나 뱀 모양의 장식을 만들어 놓는다.

라자냐 만들기 : 밀가루 가운데를 움푹하게 만든 다음 달걀을 넣고 잘 섞어 물기 없이 건조한 상태가 될 때까지 반죽한다. 30분간 휴지시킨다. 파스타 롤러에 넣고 최대한 얇게 압축해 뽑는다. 길이 20cm의 띠 모양으로 자른다.

라비올리 만들기 : 밀가루 가운데를 움푹하게 만든 다음 달걀 1개를 넣고 잘 섞어 물기 없이 건조한 상태가 될 때까지 반죽한다. 30분간 휴지시킨다. 그동안 햄을 잘게 다진 뒤 리코타 치즈, 달걀노른자와 섞는다. 파스타 롤러나 밀대를 이용하여 반죽을 최대한 얇게 밀어 편다. 얇게 민 반죽의 반을 작업대에 놓는다. 혼합해둔 소를 작은 티스푼으로 떠서 일정 간격을 두고 두 줄로 봉긋하게 반죽 위에 올려놓는다. 나머지 반의 반죽으로 위를 덮은 뒤, 가장자리와 소 간격 사이를 꼭꼭 눌러 잘 붙인다. 커팅 롤러를 사용하여 라비올리를 자른다.

오븐(컨벡션 모드)을 180℃로 예열한다. 기름을 넣지 않고 뜨겁게 달군 팬에 소시지를 넣고 갈색이 나도록 지진다(양면 각각 5분씩). 밑면이 분리되는 파이 틀 안쪽 면에 유산지를 깐 다음, 바닥 가장자리에 소시지를 한 바퀴 둘러준다. 밀어놓은 원형 파트 브리제를 틀 바닥 빈 공간에 깔고 가장자리는 미리 둘러놓은 소시지를 덮어 그 위로 놓는다. 모차렐라가 담겨 있던 유청은 따로 잘 보관한다. 끓는 물에 달걀을 넣고 8분간 삶는다.

모차렐라 치즈, 판체타, 껍질을 깐 삶은 달걀을 모두 함께 다진다. 카트르 에피

스를 넣어 섞는다. 틀에 깔아 놓은 파트 브리제 위에 라자냐 파스타를 한 켜 깐 다음 혼합해둔 소의 1/3을 넣고, 그 위에 라비올리의 1/3을 넣는다. 이와 같은 순서로 두 번을 반복해 차례대로 쌓은 후, 맨 마지막 층은 라자냐 파스타로 덮 는다. 그 위에 유청액을 부어준다. 이는 파이를 익히는 데 필요한 수분을 보충 해주는 역할을 한다. 파르메산 치즈를 뿌린 다음, 밖으로 삐져나온 파트 브리 제 가장자리 부분을 안으로 접어 파이를 덮는다.

그 위에 비둘기, 뱀 모양의 장식을 붙인다. 오븐에 넣고 20분간 굽는다.

오븐에서 꺼내 5분간 휴지시킨 후, 틀에서 분리한 다음 웅장하고 성대하게 서 빙한다(*postea, portetur coram domino cum pompa*)!

성경 음식 이야기

　설득력 있는 언변으로 음식에 관해 금욕주의를 설파하는 타르튀프[1]의 말을 곧이곧대로 믿어서는 안 된다. 광야에서 메뚜기를 즐겨 구워 먹었던 미식가 엘리아나 세례 요한 등 몇몇 선지자는 차치하더라도, 성경에 등장하는 대부분 주요 인물은 늘 그들이 초대된 연회나 잔치의 주인공이 된다. 좀 더 자세히 읽어보면 성경을 쓴 사람들이 얼마나 먹는 문제를 꼼꼼하게 다뤘는지 그 세심한 배려에 놀라게 된다. 하나님은 천지창조의 처음 며칠만 해도 아담과 동물들이 굶어 죽지 않게 하는 놀라운 선견지명('신의 섭리'의 현대적 단어)을 발휘하신다. 첫 번째 식사기도는 6일째 되는 날 조물주의 입을 통해 흘러나온다. "내가 온 대지 표면에서 씨를 맺는 모든 풀과, 씨를 가진 열매 맺는 모든 나무를 너희에게 주노니, 이는 너희의 먹거리가 되리라."[창세기 1:29] 하나님은 인간이 채식주의자로 살아가기를 원했던 것은 아닐까 하고 반문하는 사람도 물론 있을 것이다. 세상의 평화와 행복을 보증하는 아담과 이브가 엄격한 에덴동산식 식생활만을 영위한다는 것은 아마도 꿈같은 이야기일 것이다.

---

1) Le Tartuffe : 프랑스의 작가 몰리에르(Molière)의 희곡. 루이 14세의 궁정에서 큰 영향을 행사하던 종교인의 위선을 대담하게 비판하여 작품의 공연이 금지되는 등 고위 성직자들의 박해를 받은 작품이다. 주인공 타르튀프는 오늘날 프랑스어에서 '위선자'를 뜻하는 일반명사로 통용될 만큼 유명한 몰리에르의 대표작이다.

이 같은 꿈은 그리 오래가지 않는다. 바로 이어지는 다음 세대부터 형제간 싸움으로 유혈이 낭자하고, 모든 인간관계에 폭력이 난무하게 된다. 하나님의 단호한 결단이 얼마나 필요한지 절감하게 되는 상황이다. 대홍수와 노아의 방주 사건 이후에는 '새로운 음식'의 필요성이 대두됐고 육식이 허용된다. "모든 산 동물은 너희의 먹을 것이 될지라. 채소와 같이 내가 이것을 다 너희에게 주노라."[창세기 9:3] 이 구절은 한마디로 플라젤렛 강낭콩²⁾을 곁들인 양고기 뒷다리 구이나 당근을 넣은 소고기 찜 등의 음식의 탄생을 의미한다. 이는 인간의 폭력성 분출을 억제하려는 위대한 식문화의 발전이라 할 수 있다. 특히 이후 노아 덕분에(구약성경에는 노아가 포도밭을 가꾸는 최초의 사람으로 기록돼 있다) 특별한 식사에는 와인을 곁들이게 됐다.

초창기부터 코트로 덮어 가렸으면 좋을 법한 외설스러운 취기의 장면들을 발견하게 된다. 하지만 생 채소로 만든 샐러드를 전채 요리로 시작하고, 고기와 채소 가니시를 주 요리로 먹으며, 여기에 노아의 방주를 만들었을 상수리나무 오크통에서 숙성된 좋은 빈티지 와인을 곁들이는 식사 메뉴를 구성할 줄 알았다는 것은 얼마나 황홀한 일인가.

구약성경을 계속해서 읽어보면 하나님이 어떻게 매끼 식사에, 예상치 못한 깜짝 초대에 세심하게 관여했는지 알 수 있다. 예를 들어 아브라함이 마므레의 상수리나무 그늘 아래서 세 명의 방문자를 대접하는 장면(창세기 18장)을 보면 알 수 있다. 이들은 아브라함에게 뜻밖의 후손을 점지해주러 온 사람들이었다. 그날의 식사는 일상적인 주일 미사보다 더 큰 가치와 의미가 있었다. 엉긴 젖으로 만든 기름지고 맛있는 송아지 요리와 고운 가루

---

2) flageolet bean : 연한 녹색의 작고 부드러운 프랑스 강낭콩으로 녹색 꼬투리 안에서 자란다. 최대 수확기는 한여름으로 주로 익혀서 먹는데, 양고기와 같은 메인 요리에 곁들여 먹거나, 수프에 사용된다.

로 빚어 오늘날 우리가 사용하는 오븐의 조상격인 뜨거운 돌에 구운 떡은 후세에 세례식이나 첫 성찬식에 등장할 모든 음식을 미리 보여준다. 아울러 결코 우연이라고 할 수 없는 '이삭(Issac)'이라는 이름으로 불릴 후손의 탄생을 예고한다. 이삭은 "하나님이 웃었다.", 혹은 "하나님이 나를 웃게 했다."라는 뜻이다.

이처럼 하나님, 천사들과 함께 먹고, 마시고, 웃는 종교는 얼마나 행복한 종교인가.

성찬의 순서마다 애굽의 노예 해방 역사와 기억이 녹아 있고, 하나님의 영광에 대한 찬양(압제자의 손에서 우리를 해방시킨 하나님, 시편 135)이 테이블에 둘러앉은 이들의 눈에서 눈으로 이어지며, 맛있는 음식이 코스로 나오는 부활절 축일 식사보다 더 즐겁고 신나는 것이 또 있을까? "이 모든 것을 너는 네 아들, 또 그 아들의 아들에게 가르칠 것이라." 유태교 신앙에 따르면 인류 역사의 리듬을 따르는 것이 바로 식사이며, 민족의 역사는 배를 주린 상태로 기념하거나 축하할 수 없는 것이다.

신약 복음서 역시 요리와 연회에 대한 풍부한 묘사로 가득하다. 그런 대목을 읽다 보면, 위궤양을 앓는 병자가 예수에 대해 늘어놓는 불평 따위는 잊게 된다. "이 사람이 죄인을 영접하고 음식을 같이 먹는다 하더라."[누가복음 15:2]

예수를 비판하던 자들은 이 반-순응주의 종교적 스승이 나쁜 짓을 한 죄인들을 가까이하는 이유를 도무지 이해할 수 없었을 것이다.

하물며 그들과 함께 식사까지 하다니! 우리의 혀와 위를 창조한 조물주가 하나님이라는 사실과 "무엇이든지 밖에서 사람에게로 들어가는 것은 능히 사람을 더럽게 하지 못한다."[마가복음 7:15]는 구절을 잊은 사람에게는 참을 수 없는 죄요, 수치스러운 일이었을 것이다.

하지만 이런 가르침은 모든 식생활 프로그램의 가장 근본적이고도 획기적인 출발점이 됐다. 물론 패스트푸드 위주의 나쁜 식습관이 음식 맛을 제대로 즐기는 삶을 해칠 위험이 있기는 해도 고미요[3] 가이드가 추천하는 식당들은 예수의 이런 종교적 가르침을 실생활에 적용하려고 노력하는 곳이다.

예수는 자신이 그토록 사랑하던 이들을 떠날 때, 각자에게 베푼 이해할 수 없을 만큼 커다란 사랑을 표현할 방법으로 식사 의식보다 더 좋은 것을 찾기 어려웠을 것이다. 물론 그는 이런 식사 메뉴를 구운 양고기 살과 향신 허브 향처럼 맛있는 것으로 특정하지는 않았다. 그는 단순히 빵을 선택하고 "모두 이것을 먹으라."고 했다. 그렇게 빵은 호메로스[4] 이래 자신을 "빵 먹는 사람"이라고 부른 지중해 사람들의 가장 기본적이고도 '민주적인' 음식이었다.

그는 또한 포도주를 들고 "모두 이것을 마시라."고 했다. 이것은 명백히 연회의 상징이며, 귀족적 잔치든 생사가 걸린 운명의 성찬식이든 참여자가 마시는 음료다. 이런 의식을 거행한 다음날 예수는 십자가에 못 박혀 돌아가셨다.

영국 작가 G. K. 체스터턴은 "예수에게 포도주는 약이 아닌 성례(聖禮)였다."라고 기록했다. 여기에는 간단치 않은 딜레마가 있다. 요리는 과연 생존을 위한 약일까? 아니면 신성한 기쁨이요 살아가기 위한 즐거움일까?

---

3) Gault & Millau : 1972년 두 명의 미식 전문 기자 앙리 고(Henri Gault)와 크리스티앙 미요(Christian Millau)가 창간한 미식 평가지. 미슐랭 가이드와 함께 프랑스를 대표하는 미식 가이드로, 1973년 시작된 누벨 퀴진 열풍에 큰 역할을 했다.

4) Homeros, Homère(BC 800?~BC 750) : 고대 그리스의 작가이며, 서사시 『일리아드』, 『오디세이』의 저자로 알려져 있다. 그는 "인간은 빵을 먹는 사람"이라고 정의했다.

3 신성한 수도회에서의 아몬드 밀크 라이스 푸딩
1248

1248년. 이미 일부 백성에게서 성왕 칭호를 받을 만큼 추앙받았고, 자신도 굳이 이를 부인하지 않았던 프랑스 왕 루이 9세[1]는 7차 십자군 원정을 준비한다. 그렇다. 벌써 일곱 번째. 그는 형제인 아르투아 백작 로베르 1세[2]와 푸아티에 백작 알퐁스[3]를 대동하고 성 프란체스코회[4]의 수도사 총 회의가 열리는 상스에 잠시 머문다. 성 프란체스코 수도회는 아시시의 프란체스코[5] 수사가 창설한 성 프란체스코 수도회에 밀접히 연관돼 있었다. 당시 파리의 시인이었던 뤼트뵈프[6]는 왕국을 무력으로 진압한 것을 두

---

1) Louis IX(1214~1270) : 성왕(聖王) 루이(Saint Louis)라는 별명이 붙은 프랑스 카페 왕조의 왕(재위 1226~1270). 역대 프랑스 왕 가운데 가장 신앙심이 깊은 축에 속했던 그는 정의에 입각한 평화, 덕과 정치의 일치를 추구한 왕으로 프랑스 왕정을 완성했다. 영국과의 싸움을 종결시켰고 여러 국왕과 제후 사이의 평화 수립에 노력했다. 또 프랑스 국왕 가운데 유일하게 성인품에 올라간 인물이기도 하다.

2) Robert I, comte d'Artois(1216~1250) : 프랑스 국왕 루이 9세의 동생.

3) Alphonse, comte de Poitiers(1220~1271) : 프랑스 국왕 루이 9세의 동생 알퐁스는 1225년에 푸아티에 백작, 1247년에는 툴루즈 백작의 타이틀을 얻은 프랑스의 유력 군주였다.

4) Franciscan Order, Ordre franciscain : 1209년에 아시시의 성 프란체스코(saint François d'Assise)에 의해 '작은 형제회(Ordre des Frères mineurs)'로 창설된 성 프란체스코 수도회는 청빈 정신을 주창하며 편력 설교를 통해서 그리스도의 사랑을 전파하는 탁발 수도회로 출발했다.

5) saint François d'Assise, Francesco d'Assisi(1181~1226) : 이탈리아의 로마 가톨릭교회 수사이자 저명한 설교가, 프란치스코회의 창설자.

6) Rutebeuf(1230~1285) : 13세기 중세 프랑스의 시인. 작품에 가난과 결혼에 대한 개인적 통탄, 기사도에 대한 향수, 탁발 수도회에 대한 신랄한 비판이 담겨 있다. 작품으로 『테오필의 기적』, 『약초시장 이야기』 등이 있다.

고 "폐하가 모든 것을 가져가셨군요."라고 비난했다.

이탈리아의 성 프란체스코회 수사인 살림베네[7]는 당시 이들의 화려하고 장중한 방문을 그의 『연대기(Cronica)』에서 자세히 묘사한다. 그에 따르면 루이 9세는 궁정 의복이 아닌 모직 가운을 입고 있었다.

살림베네는 "이 옷을 입은 왕실의 수장에게서 광채가 났다."고 기록했다. 왕은 심지어 걸어서 이동했으며, 기념식이 끝난 뒤에 수도원 식당에서 식사를 대접받았다. 그곳에서 왕은 고기가 없는 식사를 했는데, 이는 청빈을 서약한 신자들을 위한 배려였다.

그러나 중세 종교의 섬세함이 돋보인 이 식사는 비록 고기는 없지만 결코 검소하거나 허술한 음식이 아니라는 것을 잘 보여주었다. "우선 (…) 체리를 먹었고 이어서 새하얀 빵과 질 좋은 와인이 넉넉히 나왔다. (…) 그리고 우유에 익힌 신선한 잠두콩과 생선, 게, 장어 투르트[8], 계피를 넣은 아몬드 밀크 라이스 푸딩, 아주 맛있는 소스를 곁들인 장어 구이, 투르트 파이, 프레시 크림 치즈와 과일이 풍족하게 나왔다."

소젖 대신 아몬드 밀크를 사용하는 등 채식주의, 심지어 완전한 비건[9]에 가까운 식습관을 실천하면서도 그들은 맛의 기쁨을 포기하지 않고 현명하게 음식을 즐기며 청빈한 성도의 길을 걸었다.

---

7) Salimbene di Adam(1221~1290) : 이탈리아 파르마 출신의 프란체스코회 수사로, 1288년 『연대기』를 집필했다.

8) tourtes : 원형 틀의 바닥과 옆면에 반죽을 깔고 고기, 생선, 채소 등의 각종 소를 채워 넣은 다음 다시 반죽으로 덮어 오븐에 구워낸 두툼한 파이의 일종.

9) vegan : 고기는 물론 우유 및 각종 유제품, 달걀도 먹지 않는 엄격한 채식주의자.

계피를 넣은 아몬드 밀크 라이스 푸딩

Riz au lait d'amande et à la cannelle

- 시판용 아몬드 밀크 1리터 또는 생 아몬드 150g
- 카르나롤리(carnaroli), 아르보리오(arborio) 등 둥근 입자의 쌀 100g
- 계핏가루 1티스푼
- 설탕 100g(가당 아몬드 밀크를 사용할 경우는 설탕 75g)

아몬드 밀크 만들기 : 생 아몬드를 헹궈 씻은 후, 물에 담가 하룻밤 불린다. 다시 헹궈 건진 다음 물 1리터를 넣고 믹서로 간다. 면포나 고운 체에 거른다(냉장 상태로 일주일간 보관할 수 있다).

소스팬에 물을 넣고 끓인다. 쌀을 넣고 3분간 데쳐 익힌 후 건진다. 소스팬에 아몬드 밀크와 계피를 넣고 가열한다. 끓으면 설탕과 쌀을 넣고 나무 주걱으로 저어가며 30~40분간 끓여 익힌다. 따뜻하게 혹은 차갑게 서빙한다.

4 아우구스티노 수도회에서 열린 3일간의 연회
1450

예전에 토농[1] 근처에 사냥용 저택이 하나 있었다. 이곳은 사보이 공국 공작들이 선호하는 저택 중 하나로 계속 그 규모가 확장됐으며, 아우구스티노 수도원의 관사로도 사용됐다. 이 저택은 본래 수도원의 이름을 따서 '리파유 성'이라고 불렀다. 이후에 대립교황[2]으로 부상한 사보이 공국의 아마데오 8세[3]는 이곳에서 먹고 마시기를 무척 좋아했으며, 여러 차례 기억에 남을 만한 연회를 열었다. 그의 요리사였던 메트르 시카르(Maître Chiquart)는 한 지방 공증인에게 받아 적게 한 『요리서(Du faict de cuisine)』에서 두 차례 연회 메뉴를 설명하고 있다. 이를 통해 비록 부분적이기는 하지만 당시 연회 상황을 다소나마 유추해볼 수 있다. 시카르는 애피타이저, 수프, 고기 같은 메인 요리뿐 아니라 디저트와 파티시에가 만드는 다양한 프티 푸르[4]에 이르기까지 전체를 담당했던 총괄 조리장이었다.

---

1) Thonon-les-Bains : 프랑스 동부 론 알프 오트 사부아주에 위치한 도시로, 옛 사보이 공국(Duchy of Savoy) 샤블레(Chablais) 지방의 주도였다.

2) Antipapa : 기독교의 역사에서 비합법적으로 교황권을 행사한 사람을 가리킨다. 교황좌에 오르긴 했어도 그 선출이 적법하지 않거나 교회법의 정당한 절차를 거치지 않은 사람을 말한다.

3) Amédée VIII de Savoie, Amedeo VIII di Savoia(1383~1451) : 대립교황 펠릭스 5세(Pacificus V)라고도 불리는 사보이 공국의 귀족으로 '평화공'이라는 별칭을 가지고 있다. 아내 사망 후 공작 지위에서 은퇴한 그는 제네바 인근 리파유에서 은둔 생활을 했다. 이후 교황 에우제니오 4세의 상대 교황으로 바젤에서 펠릭스 5세로 선출되어, 1439~1449년까지 재임했다.

4) petit-four : 한입에 들어갈 만한 크기의 쿠키, 케이크.

이렇게 풍성한 음식을 준비했던 연회의 모습을 통해 오늘날 '리파유'라는 말이 '푸짐한 식사', '진수성찬'이라는 뜻으로 쓰이게 된 배경과 그 기원을 이해할 수 있다.

연회 중 한 번은 사흘 넘게 계속됐고, "소 100마리, 살 오른 양 130마리, 돼지 120마리가 사용됐다. 또한 파티나 다른 행사가 있는 날에는 새끼 돼지 100마리가 구이용으로 준비됐다." 그 밖에도 양, 수렵육, 생선, 심지어 레드와인으로 조리한 돌고래 같은 바다 포유류 요리까지 등장했다. 식사 중간에 음악이나 춤을 공연할 때도 조리장 시카르는 거위를 공작새로 변신시키는 등 동물을 다른 것으로 변형한 요리를 만들어 내놓았다. 그는 양적으로 풍성하고 다양한 메뉴에만 집착하지 않고, 요리를 섬세하고 세련되게 만드는 데도 많은 공을 들였다. 그런 덕분에 훗날 펠릭스 5세가 된 아마데오 8세는 앞으로도 식탁에서 사라지지 않게 된 자고새 트레몰레트 요리를 맛볼 수 있었다.

트레몰레트 소스를 곁들인 자고새 구이
Tremolette de perdrix

- 자고새 6마리(염통, 모래주머니, 간 등의 내장도 함께 준비한다)
- 버터
- 흰 빵 슬라이스 6장
- 화이트와인 125ml
- 베르쥐(verjus: 익지 않은 포도즙으로 신맛이 강하다) 125ml
  (혹은 애플사이더 식초 80ml와 물 40ml로 대체할 수 있다)

- 생강가루 1티스푼
- 계핏가루 1티스푼
- 후추
- 넛멕
- 메이스(mace, macis : 육두구 나무의 씨껍질을 이용한 향신료)
- 정향 가루
- 설탕 1티스푼
- 소금

오븐을 200℃로 예열한다.

내장을 오븐에서 10분간 굽는다. 자고새에 버터를 한 조각 얹고 오븐에 넣어 20분간 로스팅한 다음 슬라이스한 빵을 굽는다. 육수와 와인, 베르쥐를 혼합한 뒤, 구운 빵을 담가 적신다. 구운 내장을 절구에 넣고 곱게 찧어 간 다음 육수 혼합물에 넣고 분량의 생강가루와 계피 그리고 후추, 넛멕, 메이스, 정향 가루를 각각 한 자밤씩 넣어 양념한다. 전부 믹서로 갈아 잘 혼합한 다음 끓인다. 마지막으로 설탕을 넣고 소스를 5분간 졸인다. 간을 본 후, 꼭 필요한 경우에만 소금으로 조절한다. 고운 면포에 거른다.

자고새의 가슴살을 잘라 접시에 담고, 소스는 따로 서빙한다.

5 오스만 투르크를 향한 저항의 맹세가 담긴 꿩
1453

1453년 5월 29일. 비잔틴 제국 콘스탄티누스 11세 황제[1]는 오스만 제국 메흐메트 2세[2]의 공격에 맞서 콘스탄티노플을 지키려 했으나 성벽에서 사망했고, 더는 저항할 방도가 없었던 도시는 결국 오스만 투르크인들에게 함락됐다. 콘스탄티노플은 오스만 제국의 새 수도가 됐으며, 그 후 투르크인들은 서유럽 제국들에 위협적인 존재가 됐다.

일 년이 지난 1454년 2월 17일, 필립 르 봉 부르고뉴 공작은 그의 지지자들을 릴에 초청해 성대한 연회를 열었다. 당시 풍습에 따라 요리가 나오는 중간에 연주와 노래, 짤막한 희극 공연이 있어 분위기가 흥겨웠다. 이때 제공된 앙트르메[3] 중 하나는 그 후 아주 유명해졌다.

체구가 큰 남성이 교회를 대표하는 젊은 여성의 에스코트를 받으며 입

---

1) Constantine XI Palaiologos : 동로마 제국의 마지막 황제. 1449년 황제에 즉위했으며, 1453년 콘스탄티노플 함락 때 전사했다.

2) Mehmet II : 오스만 제국의 제7대 술탄. 처음으로 카이사르와 칼리프의 칭호를 쓴 인물로 1444년부터 1446년까지 짧은 기간 통치하다 퇴위했다. 그 후 1451년 다시 즉위하여 1481년 사망할 때까지 집권했다. 콘스탄티노플 함락, 동로마 제국 멸망, 오스만 제국의 판도를 대폭 넓혀 '정복자'라는 별명으로 불렸다.

3) entremets : 원래는 요리 코스 사이에(프랑스어로 entre는 사이, mets는 요리라는 뜻) 제공되는 음악이나 공연 등의 이벤트를 의미했으나, 이후 주 요리 사이에 나오는 곁들임 음식을 의미하게 됐다. 17세기 이후에는 정찬 코스 중 로스트한 고기류 다음, 디저트 전에 나오는 음식을 지칭했으며 주로 스튜 종류가 제공됐다고 한다. 현재는 케이크 등의 달콤한 후식을 통칭하는 용어로 사용된다.

장한다. 그는 당시 '군대의 왕'으로 불리던 황금 양털 기사단[4]의 일원이다. 그는 양손에 살아 있는 꿩 한 마리를 들고 있는데, 꿩의 목에는 여러 가지 색의 다양한 보석과 진주로 장식된 목걸이가 걸려 있다. 그의 뒤를 두 명의 젊은 여성이 역시 두 명의 황금 양털 기사단원을 대동하고 따르고 있다.

앞장선 기사는 공작에게 꿩을 바치고, 공작은 꿩 위에 양피지를 얹으며 거기 적힌 과업을 모두 완수하리라고 맹세한다.

이 연회를 기술한 역사 편찬가 마티유 데스쿠쉬는 특히 다음과 같이 강조한다. "이는 왕자가 그리스도 신앙을 수호하고 오스만 투르크의 침범과 만행에 항거하는 데 몸을 바치겠다는 맹세였다." 그러나 프랑스 국왕과 제국의 황제 사이의 경쟁 관계를 이용해 부르고뉴 대공국의 독립을 꾀했던 필립 르 봉 공작은 그의 맹세를 하나도 실현하지 못했다. 그의 진짜 목표는 투르크인을 물리치겠다는 맹세를 공표하기보다는 적에게 영토를 내준 두 명의 권력자보다 자신의 지배력이 더 강력하다는 사실을 과시하는 데 있는 듯했다. 그런 면에서는 루이 11세나 합스부르크 가문 출신 신성 로마제국 황제 프리드리히 3세의 소심함과는 대조되는 자신의 군건한 의지와 정신을 각인시키는 데 성공했다고 볼 수도 있다.

그렇다면 그 연회에서는 어떤 음식을 먹었을까? 역설적이게도 우리에게 잘 알려진 앙트르메들은 메뉴에 오르지 않았다. 그러나 당대 걸출한 조리서 중 하나였던 타유방의 『비앙디에』[5]에 따라 만든 꿩과 공작새 요리는

---

4) Order of the Golden Fleece, Ordre de la Toison d'Or : 1430년 부르고뉴 공작 필립이 포르투갈의 공주 이사벨라와의 결혼식을 축하하기 위해 설립한 기사단.

5) Le Viandier de Taillevent : 중세 말기 프랑스 왕 샤를 5세와 6세의 전속 요리사였던 기욤 티렐(Guillaume Tirel, 1310~1395, 일명 타유방)이 쓴 것으로 알려진 요리서.

메뉴에서 중요한 위치를 차지했을 것으로 추정된다.

꿩과 공작새 로스트
Faisans et paons tout armés

- 라드를 둘러 로스트 준비가 된 꿩 2마리(구입 시 요청한다)
- 소금
- 후추
- 정향 10개
- 로즈 워터 100ml
- 와인식초 100ml
- 카다멈 8개
- 넛멕(육두구)
- 계핏가루 2테이블스푼 + 1자밤
- 작은 방울양파 18개
- 설탕 200g

오븐을 200°C로 예열한다(컨벡션 모드).

꿩의 안쪽에 소금과 후추로 간을 한 다음, 오븐용 로스팅 팬의 그릴 망 위에 놓는다. 오븐 중간에 넣고 15분간 익힌 후, 정향을 네 군데 박고 뒤집어 놓는다. 익히는 동안 로스팅 팬에 흘러내린 육즙에 로즈 워터와 식초, 카다멈 알갱이, 정향 두 개 간 것, 넛멕 가루 한 자밤 , 계핏가루 한 자밤을 넣는다. 꿩과 소스를 오븐에서 15분간 더 익힌다.

그동안 소스팬에 방울양파와 설탕, 계핏가루 2테이블스푼을 넣고 약한 불에 은근히 익힌다. 오븐에서 꿩을 꺼낸 뒤 부위별로 적당히 자른다. 소스는 면포나 고운 체에 거른다.

완벽한 서빙을 위해서 15세기에는 요리장이 '온전히 다 갖춘' 꿩을 먼저 선보였다. 이것을 그대로 따라하려면, 꿩들 중 한 마리의 머리, 목, 깃털과 꼬리가 필요하다. 더 이상적인 방법은 공작새의 머리, 목, 깃털과 꼬리로 두 번째 꿩인 것처럼 속이는 것이다. 이렇게 먼저 손님들에게 전체 모습을 선보인 후 다시 주방으로 들고 가 잘라서 서빙했다고 한다. 용기 내어 해보길, 행운이 있길 빈다.

6 신대륙, 신 요리
1500

중세 레시피들을 살펴보면, 채소 요리는 거의 찾아보기 어렵다. 당시 채소는 가난한 사람들의 음식으로 평가됐다. 농부들은 땅에서 나는 열매를 주식으로 먹는 반면, 귀족들은 주로 사냥으로 잡은 육류를 먹는다는 통념이 있었던 것이다. 그러나 16세기로 넘어가면 상황이 달라진다. 여기에는 몇 가지 이유가 있다.

아메리카 대륙은 스페인과 포르투갈의 식민지가 된다. 그래서 오늘날 유럽뿐 아니라 아시아와 아프리카 요리에 없어서는 안 될 식재료인 토마토와 옥수수는 물론이고 카사바(마니옥), 감자, 가지, 피망, 고추 등의 가지과 채소들이 유입되고, 포르투갈 상인들을 통해 인도와 중국에까지 전파된다. 게다가 1442년 알폰소 5세가 나폴리 왕국을 정복하면서 카탈루냐와 이탈리아 반도의 관계는 더욱 굳건해졌고, 채소를 풍부하게 사용하던 카탈루냐 요리사들의 인기는 점점 더 높아졌다. 이런 경쟁 상태에 직면한 이탈리아 요리사들은 카탈루냐 요리사들에게서 영감을 받았고, 새로운 유럽 요리를 만들게 된다.

그중 주목할 만한 이는 추기경 로렌초 캄페지오의 요리사였던 바르톨로메오 스카피[1]다. 그는 추기경을 위한 연회를 총괄했는데, 대표적으

---

1) Bartolomeo Scappi(1500~1577) : 르네상스 시대의 저명한 요리사. 1536년 4월 연회에서 대주교 로렌초

로 1536년 카를 5세에게 경의를 표한 연회를 들 수 있다. 이후 바티칸에 요리사로 들어간 스카피는 교황 비오 4세와 5세의 요리와 연회를 담당했고, 1570년에는 자신의 요리 지식을 집대성한 『요리 기술의 오페라(*Opera dell'Arte del cucinare*)』를 집필했다. 호기심으로 충만했던 이 요리사는 그동안 알지 못했던 채소나 칠면조 등 신대륙에서 건너온 새로운 식재료를 유럽에서 처음으로 요리에 사용했을 뿐 아니라 동구 유대인들의 음식에서 영감을 받은 조리법까지 접목하는 등 오늘날 퓨전 요리의 명실상부한 시조가 됐다. 실제로 그는 중부 유럽 유대인들의 요리법에서 착안해 사료를 강제로 먹인 거위 간 요리를 개발했고, 시기가 1536년으로 추정되는 연회 때부터 왕실 식탁에 최초로 올렸다. 그가 개발한 요리는 푸아그라 구이였으며, 꼬챙이에 꿰어 익히는 동안 그 모양을 잘 유지하는 것이 관건이었다.

빈산토 와인과 꿀 소스의 푸아그라 구이
Foie gras rôti, sauce au vinsanto et au miel

- 오리 생 푸아그라(약 500g) 1개 또는 거위 생 푸아그라(약 700g) 1개
- 밀가루 80g
- 소금 1티스푼

캄페지오를 위해 요리한 것이 그의 최초의 경력으로 기록돼 있다. 이후 다른 대주교의 요리사로 활약했으며, 교황 비오 4세 때부터 바티칸 궁정의 요리를 맡았고, 이어 교황 비오 5세의 요리사가 됐다.
1570년 『*Opera dell'arte del cucinare*』라는 저서를 편찬하면서 명성을 얻은 그는 르네상스 시대의 1,000여 개 요리법을 기록했으며 요리 도구와 기법을 활용하면서 포크의 기원을 알린 주인공이기도 하다. 스카피는 당대의 주방에 새로운 요리기법과 재료를 도입하면서 혁명적인 변화를 이루었다는 평을 받는다.

- 검은 후추 1티스푼
- 꿀 1테이블스푼
- 스위트 빈산토 와인(Vinsanto) 또는 스위트 셰리 와인 250ml

푸아그라를 찬물에 20분간 담가둔다. 오븐을 180℃로 예열한다(컨벡션 모드). 푸아그라를 건진 후, 모양을 망가트리지 않도록 조심하며 핏줄을 제거한다. 밀가루에 소금과 후추를 넣고 잘 섞은 다음 푸아그라에 골고루 묻힌다. 두꺼운 냄비를 센 불에 달군 후, 푸아그라를 양면 골고루 노릇하게 지진다. 흘러나온 기름을 끼얹어주고 뚜껑을 닫은 후 오븐에 넣고 5분(오리 간일 경우) 또는 7분간 (거위 간일 경우) 익힌다. 100g당 1분 정도 익힌다고 계산하면 된다. 오븐에 익히는 동안 꿀과 와인을 섞어 냄비에 넣고 약한 불에 졸인다. 숟가락으로 떠올렸을 때 표면에 묻을 정도의 농도가 되면 불을 끈다. 오븐에서 푸아그라를 꺼내 뚜껑을 열고 소스를 붓는다. 푸아그라에 소스를 끼얹은 다음 다시 오븐에 넣고 2분간 익혀 소스가 윤기 있게 캐러멜라이즈 되도록 한다.

소스는 작은 용기에 따로 담아 푸아그라를 서빙한다. 증기에 찐 사보이 양배추 잎과 곁들이면 아주 잘 어울린다.

7 스코틀랜드의 순대 해기스와 위대한 셰프
1580

14~15세기 프랑스, 잉글랜드, 스코틀랜드 왕국의 뒤얽힌 운명은 전쟁으로 귀결됐고, 이로 인해 비록 일정 기간이지만, 서유럽의 정치경제 지형에서 그들이 차지하고 있던 우위는 이탈리아 도시국가들과 신생 에스파냐, 플랑드르 공국에 빼앗겼다. 영국의 장미전쟁[1]이 헨리 7세의 승리로 끝나고 튜더 왕조가 시작되면서 1485년 이후 역사는 안정을 찾았다. 이것으로 로마인들이 예전에 '칼레도니아'라고 불렀던 브리튼섬 북부의 스코틀랜드 왕좌에 대한 잉글랜드의 거만한 태도는 점차 수그러들었다. 그러다가 16세기 중반에는 새로운 힘의 균형이 확산됐다.

1542년 생후 엿새밖에 되지 않은 상태에서 스코틀랜드 여왕으로 즉위한 비운의 메리 스튜어트[2] 역시 잉글랜드의 왕위 계승을 요구할 수 있었다. 왜냐하면 그녀는 잉글랜드 헨리 8세의 누이인 마리 튜더의 손녀였기 때문이다. 프랑스 국왕 앙리 2세는 왕모 마리의 제안으로 이 어린 여왕을 궁정으

---

1) Wars of the Roses, la guerre des Deux-Roses : 1455~1485년 영국에서 왕위 계승권을 둘러싸고 요크가(家)와 랭커스터가(家) 사이에 일어난 전쟁. 장미전쟁이라는 이름은 랭커스터가가 붉은 장미, 요크가가 흰 장미를 각각 문장으로 삼은 데서 따온 것이다.

2) Mary Stuart, Marie I d'Ecosse(1542-1587) : 스튜어트 왕가 출신의 스코틀랜드의 여왕이자 프랑스의 왕비이다. 본명은 메리 스튜어트이며 훗날 잉글랜드와 스코틀랜드의 공동 왕이 되는 제임스 1세(스코틀랜드로는 제임스 6세)의 어머니이다.

로 데려왔고, 왕국에 정착한 스코틀랜드인들에게 자동으로 프랑스와 스코틀랜드 이중 국적을 허용하며 '올드 동맹(Auld Alliance : Auld는 old라는 뜻의 게일어)'을 강화해갔다. 시간은 흘러 1548년 왕세자 프랑수아는 메리와 약혼했으며, 1558년 결혼해 메리 스튜어트는 프랑스의 왕비가 됐다. 6개월 후 잉글랜드의 메리 1세 여왕이 서거하자 앙리 2세는 자기 며느리 메리 스튜어트를 권좌에 앉히려고 했으나 실패했다. 1559년 7월 앙리 2세의 서거에 이어 이듬해인 1560년 12월 아들 프랑수아 2세마저 사망하면서 세 왕국의 인위적 연합의 꿈은 사라졌고, 결국 메리는 스코틀랜드로 귀환했다.

그녀의 화려한 남성 편력은 사촌이던 잉글랜드의 엘리자베스 1세의 순결성과는 극명하게 대조됐다. 이미 청교도주의가 확산되기 시작한 스코틀랜드에서 그녀의 평판은 나빠졌고, 1567년 결국 폐위됐지만, 7년간의 스코틀랜드 통치 기간은 국가의 상징이 된 다양한 활동이 등장하는 등 왕국의 문화가 활짝 꽃핀 시기였다. 그중 한 예로, 그녀는 에든버러 근처 머슬버러에서 골프를 즐겼던 것으로 전해졌고, 그로부터 반세기가 흐른 뒤 지금과 같은 모습의 스포츠로 발전하게 됐다. 또한 1430년 북부 잉글랜드에서 처음 등장한 요리인 해기스[3]는 16세기, 특히 1560년대 스코틀랜드 시인들이 자주 인용했다.

해기스가 국가적인 대표 음식으로 자리 잡은 시기는 스코틀랜드의 메

---

3) Haggis : 해기스는 양 또는 송아지의 내장을 다진 양파, 오트밀, 쇠기름, 향신료, 소금 등과 섞은 뒤 그 위장에 넣어서 삶은 둥근 모양의 순대와 비슷한 스코틀랜드의 향토 음식이다. 14세기에 처음 만들어졌으며, 당시에는 hagws 또는 hagese라는 이름으로 불렸다. 해기스는 스코틀랜드의 향토음식으로 인정받고 있으며, 18세기에는 시인 로버트 번스가 「어드레스 투 어 해기스(Address to a Haggis)」라는 시를 지어 헌정하기도 했다. 또한 스코틀랜드에서는 번스의 생일인 1월 25일에 삶아 으깬 순무와 감자를 곁들인 해기스와 스카치 위스키를 먹는 전통이 있다.

리 여왕 집권기였다. 그러나 이 음식에 동반되는 오늘날과 같은 의식이 그 모습을 갖춘 것은 18세기에 이르러서다. 1787년 스코틀랜드의 대표적 서정시인 로버트 번스는 「해기스 예찬(Address to a haggis)」이라는 시를 지어 '순대 요리를 만드는 위대한 셰프(great chieftain o the puddin' race)'에게 헌정했다. 로버트 번스의 타계 1주년 만찬에서 이 시인을 추모하는 참석자들이 식사 중에 시를 낭송했는데, 이를 계기로 이후에도 이런 의식은 꾸준히 이어져왔고, 시인의 생일인 1월 25일, 스코틀랜드에서 전통적으로 열리는 '번스 디너(Burns Supper)'에는 백파이프 연주를 배경으로 주방장이 직접 해기스 쟁반을 들고 만찬장에 입장한다.

해기스는 일종의 소시지로, 부드러우면서도 알갱이가 씹히는 식감과 향신료로 양념한 맛을 즐길 수 있다. 하지만 동물 내장을 사용한 모든 음식이 그렇듯이 재료를 너무 오래 두지 않는 것이 바람직하다.

순무 퓌레와 매쉬 포테이토를 곁들인 해기스
haggis avec purées de rutabagas et de pommes de terre

- 암양의 위 막 1개
- 양의 내장 1개
- 양고기 자투리 살(뒷다리살이 좋다) 500g
- 양파 2개
- 오트밀 250g
- 소금 1테이블스푼
- 통후추 간 것 1티스푼

- 고수 씨 간 것 1티스푼
- 메이스 1티스푼
- 넛멕 간 것 1티스푼
- 스웨덴 순무(rutabaga) 500g
- 감자 500g
- 버터 한 조각

암양의 위 막을 깨끗이 씻은 뒤 끓는 물에 데친다. 위 막을 뒤집은 다음 차가운 소금물에 하룻밤 담가둔다.

냄비에 찬물을 넣고 양의 내장과 자투리 고기를 넣은 뒤 끓인다. 약하게 끓는 상태로 2시간 동안 익힌다. 내장과 고기를 건지고, 국물은 보관한다. 익힌 내장과 고기를 다진다. 양파도 잘게 다진다. 큰 볼에 고기와 내장 다진 것, 양파, 오트밀을 넣고 잘 혼합한 뒤 소금, 후추, 향신료로 간한다. 육수를 조금씩 넣어가며 농도를 조절하고 알갱이가 약간씩 느껴지는 질감이 되도록 혼합한다. 양의 위 막 안에 준비한 소를 넣어 반을 채운다. 단단하게 꿰매 밀봉한 다음 군데군데 찔러 구멍을 내 익히는 동안 터지지 않게 한다. 찬물을 넣은 냄비에 해기스를 넣고 3시간 정도 끓여 익힌다. 순무는 껍질을 벗기고 굵직하게 깍둑 썬다. 감자도 껍질을 벗긴 뒤 굵직하게 깍둑 썬다.

큰 냄비에 물을 끓인 다음 순무를 넣고 15분간 삶는다. 여기에 감자를 넣고 다시 15분간 함께 삶는다. 건져서 퓌레용 그라인더에 곱게 간다. 버터 한 조각과 소금, 후추를 넣어 간을 맞춘다. 해기스를 건져낸 다음 칼로 가운데를 가른다. 접시에 지름 9cm 원형 틀을 놓고 높이의 반은 퓌레로 채운 뒤, 그 위에 해기스를 속만 떠내어 얹는다. 원형 틀을 빼낸 뒤 서빙한다.

8 농업, 목축 그리고 닭 냄비 요리
1604

1598년 종교의 자유를 인정하는 낭트 칙령[1]을 선포한 앙리 4세는 본래 신교도였으나 왕위에 오르면서 가톨릭으로 개종했고, 이로써 30년 넘게 왕국의 분열을 초래했던 내전에 종지부를 찍었다. 그는 "농업과 목축은 프랑스의 두 가지 양식이다."라고 주장했던 쉴리 공작, 즉 그의 재정장관이었던 막시밀리엥 드 베튄[2]의 조력으로 농업을 적극 장려했다. 규제를 풀어 곡식의 상거래를 자유롭게 해줬고, 수많은 통행세를 면제해줬을 뿐 아니라, 원활하고 빠른 교통을 위해 새로운 기초시설 공사(예를 들어 센강과 루아르강을 잇는 브리아르 운하를 파는 공사 등)도 적극 지원했다. 또한 농부들이 더 많은 양의 작물을 수확해 인근 나라에 수출하도록 장려 정책을 펴기도 했다. 이렇게 농업과 목축을 발전시킨 배경에는 농부들 자신의 확고한 의지와 힘이 있었다. 또한 이런 정책은 왕국의 부를 회복하는 토대가 됐으며,

....

1) Édit de Nantes : 1598년 프랑스의 앙리 4세가 국내의 프로테스탄트에게 신앙의 자유를 인정한 신·구 양교도 화해의 칙령. 본래 프로테스탄트였던 앙리 4세는 국내의 종교적 분쟁을 해결하기 위해 가톨릭으로 개종함과 동시에 신교파인 위그노 교도에게 신앙의 자유를 허용하고 가톨릭교도와 동등한 정치적 권리를 부여했다. 이에 따라 약 30년간 지속된 프랑스의 종교전쟁(위그노 전쟁)은 일단 종식됐으나, 종교적 대립은 그 뒤에도 계속됐다. 루이 14세는 절대주의를 강화하기 위한 종교적 통일을 목적으로 1685년 이 칙령을 폐지했다.

2) Maximilien de Béthune, Duke of Sully(1560~1641) : 프랑스 정치가 겸 재정가, 쉴리 공작. 재정장관에 임명돼, 30년간의 내란으로 상처투성이가 된 국가의 부흥에 힘썼다. 농업을 프랑스의 기간산업으로 정해 농민의 직접세를 경감하고, 개간과 매립공사를 추진하며 목초재배를 장려해 생산의 향상을 촉진하는 한편 군비확충에도 힘을 쏟았다.

앙리 4세도 이를 높이 평가했다.

그러나 부르봉 왕조는 집권 초기에 여러 가지 난관과 긴장을 겪었다. 특히 살루초 변경 백국[3] 통제에 관한 문제를 두고 사보이 공국[4]과 마찰을 빚었는데, 이는 피에몬테와 니스 백작령의 소통에 중요한 문제였다. 프랑스와 사보이 공국의 전쟁은 1600년 8월에 시작해서 1601년 1월에 끝났다. 앙리 4세 치하 프랑스가 승리를 거뒀지만, 갈등은 양측 모두 만족할 만한 타협으로 마무리됐다. 그러나 왕과 공작의 긴장 국면은 그 후 수십 년간 더욱 격렬해졌다. 심지어 공작은 영토가 훨씬 큰 프랑스 왕국이 사보이 공국보다 더 가난하다는 점을 지적하며 조롱했다고 전해진다.

어린 루이 16세의 가정교사였던 아르두앵 드 페레픽스가 집필하고 1661년 발간한 앙리 4세 전기에 따르면, 베아른 출신 왕이 왕국의 실질적 번영에 관해 유명한 말을 남긴 것은 바로 이런 상황에서 이뤄진 것으로 전해진다.

공작은 위대한 백성을 보면서 프랑스의 부유함과 아름다움을 찬양했고, 프랑스가 국왕 폐하에게 얼마만 한 가치가 있는지 물었다. 이 고귀한 혈통의 군주는 '내가 원하는 만큼의 가치가 있소'라고 재치 있게 응수했다. 이 대답이 모호하다고 생각한 공작은 프랑스가 그에게 무엇을 줬는지 구체적으로 말해달라고 재촉한다. 왕은 '내가 원하는 것이오, 즉 내가 백성

---

3) Marquisat de Saluces, Marchesato di Saluzzo : 프랑스와 알프스 산맥에 있는 피에몬테 일대에 있었던 옛 이탈리아의 국가.

4) Duché de Savoie, Ducato di Savoia : 1416년부터 1860년까지 사보이 가문이 통치했던 국가. 사보이 공국은 오늘날 이탈리아 북부와 프랑스, 스위스의 영토 일부를 포함했다. 사보이아 백국을 계승했으며, 상부 라인강 서클의 일원으로서 신성로마제국에 종속돼 있었다.

의 마음을 얻었다면 그것이 바로 내가 원했던 것이오. 만일 신이 나에게 수명을 더 허락하신다면 나는 우리 왕국의 농부들이 모두 냄비에 닭 한 마리는 끓여먹을 수 있을 정도로 만들 것이오. 그리고 전쟁 중 백성의 생활을 보살피고 아낌없이 지원해, 나의 권위에 대항하는 모든 이를 설득하는 데 전력을 기울일 것이오.' 공작은 더는 말을 찾지 못한 채, 그의 말에 따랐다."

왕이 타계한 지 반세기가 지나면서 닭 냄비 요리와 왕은 밀접한 관계를 맺게 된다. 이제 닭요리는 그가 중시했던 농업의 힘을 보여주는 상징이 된 것이다. 한편 왕은 현실주의자였고 모든 사람에게 닭을 주지는 못했으며, 오로지 농부 중에서 비교적 부유한 이들에게만 주기로 약속했다는 점은 주목할 만하다.

닭 냄비 요리는 아마도 포토푀[5]와 더불어 오늘날까지 프랑스인 식탁에 단골로 오르는 가장 오래된 요리 중 하나일 것이다. 물론 앙리 4세 시절에는 감자를 넣지 않았다. 당시에 감자는 동물 사료로 쓰였다.

닭 냄비 요리(8인분)

Poulet au pot

- 소금
- 후추

---

5) pot-au-feu : 쇠고기와 뼈를 채소 등과 함께 고아서 만든 국물 요리.

- 설탕
- 닭(2.5kg짜리) 1마리
  (염통, 간, 모래주머니 등의 내장도 함께 준비한다)
- 화이트와인 식초
- 바욘 햄(jambon de Bayonne) 350g
- 마늘 8톨
- 당근 7개
- 파슬리 1단
- 빵가루 200g
- 우유 100m
- 넛멕
- 달걀 3개
- 사보이 양배추 작은 것 1개
- 양파 2개
- 정향 4개
- 부케가르니 1개
- 동그란 순무 3개
- 리크(서양대파) 6대
- 단단한 질감의 감자 750g
- 코르니숑(달지 않은 작은 오이 피클)
- 머스터드

하루 전에 닭의 간에 소금, 후추, 설탕을 뿌린 뒤, 흰 식초가 담긴 볼에 넣고 냉장고에 보관한다.

간, 염통, 모래주머니와 햄, 마늘 2톨, 당근 1개, 파슬리를 모두 다진다.

넛멕을 넣은 우유에 빵가루를 담가 적신다. 꽉 짠 다음 다져놓은 재료와 혼합한다. 달걀을 하나씩 넣으며 잘 섞는다. 양배추 잎을 한 장씩 떼어 끓는 물에 데

친다. 닭에 소를 넣어 채우고 주방용 실로 꽁무니를 잘 꿰매어 봉한다. 나머지 소는 데친 양배추 잎으로 싸서 포피에트를 만든 다음 실로 묶는다. 냄비에 물 3리터(소금은 넣지 않는다)를 넣고 끓기 시작하면, 정향을 박은 양파, 마늘 6톨, 부케가르니, 순무, 속을 채운 닭을 모두 넣는다. 약한 불로 1시간 정도 끓인다. 리크와 당근 6개를 넣는다. 소금과 후추로 간을 맞춘다. 1시간 15분쯤 지난 후에 양배추로 싼 포피에트를 넣고 25분간 더 익힌다. 중간에 국물을 조금 덜어내어 작은 냄비에 담고, 반으로 자른 감자를 이 국물에 20분간 삶아 익힌다. 닭은 계속 익힌다. 국물을 먼저 담아내고, 닭과 익힌 채소, 감자, 양배추 포피에트를 서빙한다. 코르니숑과 머스터드를 곁들인다.

9 메이플라워호, 플리머스 바위, 그리고 칠면조 요리
1620

16세기 들어 로마 가톨릭에 반발한 루터와 칼빈 추종자들에게 새로운 기류가 형성됐다. 신교도 조직이 여럿 생겼는데, 이들은 조직력은 강하지 않았지만, 확연히 더욱 엄격한 프로테스탄트 성격을 띠었다. 독일, 오스트리아의 재세례파[1]나 영국의 청교도들은 이 땅에서 받은 은혜 하나하나가 모두 하나님의 선물이니 그것에 감사해야 한다고 믿었다. 그들은 정기적으로 금식과 기도의 날을 정해 실천에 옮겼는데, 이것은 행복이든 불행이든, 풍성한 수확이든 전염병이든 특정한 사건이나 상황에 대한 응답의 일환이었다. 하지만 16세기부터 이 행사는 수확이 끝날 무렵에 실행했다.

잉글랜드에서는 청교도들이 국교로 정해진 성공회가 기존 가톨릭의 제도와 의식을 따르는 데 반대했다. 물론 대부분 내부로부터의 개혁을 원했지만, 일부는 성공회의 문제점들을 두고 국가와 충돌하게 됐다. 그들은 바로 가톨릭으로부터 분리를 주장하던 잉글랜드 비국교도였다. 그중 일부는 네덜란드로 이주하고 나서 자신이 세운 원칙에 따른 공동체를 만들기로 했다. 1620년 9월 메이플라워호에 오른 그들은 11월 11일 미국 플리머스 해안(현재의 보스턴 항구 남쪽)에 닻을 내렸다. 예상대로 그들은 첫 번째 감

---

1) nabaptists : 종교개혁에 수반하여 출현한, 비자각적인 유아 세례를 비성서적이라고 판단하고 세례 지원자에게 다시 세례를 베푸는 프로테스탄트계 종파로 재침례파(再浸禮派)라고도 한다.

사 예배를 올렸다.

하지만 우리가 주목할 만한 추수감사절 의식이 치러진 것은 그로부터 약 일 년 후의 일이다. 겨울은 혹독했다. 9월에 떠나올 때 120명이었던 청교도 순례자들은 도중에 많이 되돌아가서 1621년 3월이 되자 50여 명밖에 남지 않았다. 그들은 겨울 내내 식량을 제공해줬던 왐파노악 원주민 덕분에 살아남을 수 있었다. 원주민들은 장어 낚시하는 법과 옥수수 재배하는 기술도 알려줬다. 1621년 9월 말, 청교도들은 드디어 추수했고, 수확은 풍성했다. 따라서 그해 겨울은 조금 더 평안하게 보낼 수 있었다. 추수감사절 행사는 당시에 9월 29일을 전후로 3일간 계속됐다. 그것은 하나님을 향한 감사뿐 아니라 새로운 개척자들을 맞이해 살아갈 수 있게 허락해준 아메리칸 원주민들에 대한 감사도 포함된 의식이었다.

백 명가량의 왐파노악 원주민과 50여 명의 순례자가 함께 축하연을 치렀다. 추수감사절 식탁은 풍성함 자체였다. 사슴 세 마리와 야생 조류도 넉넉히 준비했는데, 그중 인상적이었던 것은 당시만 해도 가축으로 사육하지 않았고 유럽에는 알려지지 않았던 칠면조의 등장이었다.

과연 그것을 어떻게 조리했을까? 아마도 구웠을 것이고, 소스는 따로 없었다고 전해진다. 이날을 기념해 오늘날 미국인들은 11월 넷째 목요일이면 특별한 소스를 곁들인 칠면조 구이를 온 가족이 함께 즐긴다.

추수감사절 칠면조 구이(10인분)

Dinde de Thanksgiving

- 칠면조(5kg짜리. 옥수수 알곡을 먹여 자연방사로 키운 것) 1마리
  (내장도 함께 준비한다)
- 소금
- 후추
- 레몬 1개
- 사과 반 개
- 양파 1개
- 생 타임
- 로즈마리
- 월계수 잎
- 세이지
- 이탈리안 파슬리
- 식물성 식용유 50ml
- 셀러리 2줄기
- 당근 1개
- 통후추 10알
- 버터 200g
- 밀가루 30g + 4테이블스푼
- 리크(서양대파) 1줄기
- 삶은 달걀 1개

칠면조의 내장은 따로 보관한다. 목과 날개 끝을 잘라 따로 보관한다. 칠면조 몸통에 소금과 후추로 넉넉히 간을 한다.

레몬, 사과 반 개, 양파 반 개, 타임, 로즈마리, 월계수 잎, 세이지, 파슬리(줄기는 따로 보관)를 모두 굵직하게 다진다. 식용유를 넣고 잘 섞는다. 혼합한 소를 칠면조 안에 넣어 채운다. 잘라낸 목과 날개 끝을 냄비에 넣고 물 1.5리터를 붓는다. 끓으면 거품을 건져내고 불을 줄인다. 셀러리, 당근, 얇게 썬 양파, 통후추, 월계수 잎, 파슬리 줄기를 넣고 약한 불로 2시간 반 정도 끓여 졸인다. 국물을 체에 걸러둔다. 버터 85g과 밀가루 30g을 섞은 다음 칠면조 표면에 마사지하듯 문지르며 발라준다. 오븐을 220℃로 예열한다(컨벡션 모드). 로스팅 팬 바닥에 밀가루 4테이블스푼을 뿌린 뒤 칠면조를 얹고 오븐에 넣어 굽는다. 버터 115g에 물 1티스푼을 넣고 녹인다. 칠면조를 오븐에 넣고 40분이 지나면 온도를 180℃로 낮춘다. 녹인 버터의 1/3을 칠면조에 끼얹어 바른다. 이 작업을 10분씩 간격을 두고 두 번 더 반복한다. 15분이 지난 후 로스팅 팬에 흘러나온 즙을 칠면조에 골고루 끼얹어준다. 15분 후에 한 번 더 반복한다. 껍질이 바삭해질 때까지 마지막 20분을 그대로 더 굽는다. 오븐에서 칠면조를 꺼낸 다음, 로스팅 팬에서 다른 그릇으로 옮기고 따뜻하게 30분간 레스팅한다.

팬에 남은 육즙은 기름을 제거하고 잘 저으면서 중불에서 5분간 졸여 갈색 루와 같은 소스를 만든다. 작은 큐브 모양으로 썬 리크를 넣고 1분간 끓인다. 만들어 놓은 육수를 조금씩 넣고 계속 잘 저으며 약한 불로 끓인다. 내장을 잘게 잘라 넣은 다음, 15분간 약한 불로 졸인다. 삶은 달걀은 껍질을 벗겨서 잘게 으깬 다음 소스에 넣고 섞는다. 불에서 내리고 간을 맞춘다.

되직한 질감의 매쉬드 포테이토와 크랜베리 소스를 곁들여 서빙한다.

10 성령 기사단의 파리 만찬
1633

1633년 5월 16일 프랑스 국왕 루이 13세는 성령 기사단[1]을 위해 연회를 베푼다. 그 장면은 저 유명한 아브라함 보스[2]의 판화를 통해 전해진다. 만찬을 주최한 왕은 주빈석에서 독상을 받는다. 모든 요리가 왕에 집중된다. 기사단원들은 그 앞 양쪽에 놓인 긴 직사각형 식탁에 나란히 앉아 식사한다. 그들 앞에는 음식이 담긴 수많은 둥근 접시들이 놓여 있다. 이 모든 것을 총 지휘하는 주방장은 커다란 면포로 요리를 덮어 내보낸다. 애피타이저를 한가운데 놓고, 그 주위에 오르되브르[3]를 놓는다. 이어서 포타주와 두 번째 요리가 들어온다. 플라톤의 『향연(Le Banquet)』(BC 380)이후로 그렇게 격식을 갖춘 식사가 진행되고 모두 연회를 즐기며 음식을 맛본다. 중세 이후, 식사 예법은 식사 순서와 정숙한 태도를 기본으로 명문화된 에티켓에 따라 이뤄졌다. 에라스무스[4]는 아이들의 바른 교육을 위한 지침서인 『아

---

1) Ordre du Saint-Esprit : 종교전쟁이 한창이던 1578년 프랑스 국왕 앙리 3세가 왕족들을 포함한 구성원으로 창단한 성령 기사단. 이들은 당대 최고의 성찬으로 차린 연회를 여는 것으로 유명했으며, 기사단의 상징인 코르동 블루, 즉 파란 리본은 미식을 상징하는 대명사가 됐다.

2) Abraham Bosse(1602~1676) : 프랑스의 예술가, 판화가. 아브라함 보스는 '오감' 연작 판화를 비롯해 왕실이나 귀족들의 생활모습을 담은 작품을 다수 제작했다.

3) hors-d'oeuvre : 서양 요리에서 식욕을 돋우기 위해 식사 전에 나오는 간단한 요리나 술안주로 먹는 간단한 요리를 뜻한다.

4) Desiderius Erasmus(1446~1536) : 네덜란드 태생의 로마 가톨릭 교회 성직자이자 인문주의자이며, 종교 개혁 운동에 영향을 준 기독교 신학자이다.

동교육론(*De pueris instituendis*)』(1529)에 올바른 행동 규범에 관해 자세히 정리해놓은 바 있다.

그렇다면 올바른 규범이란 어떤 것일까? 판화를 잘 들여다보면(오늘날처럼 인터넷에서 이 그림을 찾아 확대해 볼 수 있다면), 왼쪽 테이블 네 번째 자리에 앉은 사람이 포크를 입에 넣은 모습이 보인다. 그의 앞에는 앙트레와 송아지 흉선, 닭 벼슬 또는 꼬치에 끼워 구운 고기 같은 요리가 놓여 있다.

타유방의 『비앙디에』(14세기), 『파리 살림백과(*Mesnagier de Paris*)』(14세기), 『아주 훌륭한 요리책(*Livre fort excellent de cuisine*)』(16세기) 등에 따르면 언제나 체리, 자두, 건자두, 포도, 블랙베리, 멜론 등 과일은 식사를 시작할 때 제공된다. 아주 드문 예외가 있다면 '더운' 과일로 분류되는 대추야자, 딸기, 모과, 배가 있는데, 이들은 안타깝게도 '무겁다'고 인식됐다.

하지만 이와 반대로 성령 기사단 참석자들은 이 과일들을 디저트로 먹었다. 오늘날 적어도 북부 유럽에서 이런 변화의 예외가 되는 과일은 애피

Abraham Bosse, Festin pour les Chevaliers de l'ordre du Saint-Esprit, 1633.

타이저로 즐겨 먹는 멜론뿐일 것이다.

그렇다면 왜 이런 변화가 생긴 것일까? 아마도 답은 와인에 있을 것이다.

다시 판화를 살펴보자. 위에서 언급한 네 번째 인물을 자세히 보면 그가 갈증을 느껴 와인을 한 잔 가져다줬음을 알 수 있다. 당시에는 식탁 위에 어떤 잔도 미리 올려두지 않았다.

그런데 이 사람이 주문한 와인 때문에 이후 서빙 순서에 변화가 생겼다. 이전까지 고기류 로스트 이후에 서빙됐던 조개나 갑각류 등의 해산물이 17~18세기에는 화이트와인과 함께 식사 초반부로 그 순서가 앞당겨진 것이다.

가공 돼지고기(charcuterie)나 찬 고기, 즉 콜드 컷의 순서 변화도 마찬가지다. 붉은살 육류는 그 이후 채소와 레드와인과 함께 서빙됐다.

예전에는 앙트르메와 함께 냈다. 디저트는 스위트 와인과 함께 코스의 마지막 순서를 차지한다.

이처럼 루이 13세 시대 궁정 생활의 중요한 순간을 재현한 판화의 디테일 덕분에 우리는 요리와 와인의 매칭에 관해 섬세한 질문을 던질 수 있게 됐고, 또한 문화에 따라 달라지는 다양한 구성을 확인할 수 있게 됐다.

송아지 흉선 요리
Ris de veau braisé

갈색 송아지 육수 재료 :
- 작게 자른 송아지 뼈 2.5kg
- 당근 1개

- 양파 반 개
- 셀러리 1줄기
- 마늘 2톨
- 토마토 1개
- 부케가르니 1개

- 송아지 흉선(180g 짜리) 4개
- 소금
- 버터 40g
- 식용유
- 당근 1개
- 양파 1개
- 돼지비계 껍데기 작은 것 1장
- 갈색 송아지 육수 250ml
- 통후추 간 것
- 밀가루 150g
- 물 150ml

하루 전 : 송아지 육수를 미리 준비한다. 200℃로 예열한 오븐에 송아지 뼈를 넣고 30분간 구워 색을 낸다. 냄비에 채소를 넣고 볶다가, 오븐에서 꺼낸 뼈를 넣고 같이 볶는다. 찬물 5리터와 부케가르니를 넣고 끓인다. 거품을 건지고 기름을 제거한다. 뼈가 국물에 잠기도록 한 상태로 6시간 정도 끓인 다음, 체에 거른다. 다시 냄비에 넣고 약 2/3 정도가 되도록 졸인다.

당일 : 미리 소금을 뿌려둔 송아지 흉선(ris de veau, sweetbreads)을 버터와 식용유 1테이블스푼을 넣고 달군 소스팬에 노릇하게 지진다. 당근, 양파, 돼지비계 껍질과 송아지 육수를 넣는다. 후추를 뿌린 다음 뚜껑을 닫고 약한 불로 졸이듯

10분간 익힌다.

오븐을 210°C로 예열한다. 소스팬에서 송아지 흉선을 꺼내 무쇠냄비에 넣는다. 익힌 국물은 고운체에 걸러 송아지 육수와 혼합한 다음, 다시 약간 졸인다. 밀가루에 물 150ml를 넣고 반죽한 다음, 뚜껑을 닫은 무쇠냄비 가장자리에 붙여 잘 밀봉한다. 냄비를 오븐에 넣고 8~10분간 익힌다. 냄비를 꺼내 밀가루 반죽 크러스트를 깨트린 후 서빙한다.

11 그토록 싫어했던 초콜릿
1658

"자주 먹어보지 못했던 이들에게는 아주 고약한 맛이 나는, 거품이나 기포가 떠 있는 이 음료가 끔찍했을 것이다." 16세기 페루와 멕시코에 파견됐던 예수회 수도사 호세 데 아코스타[1]는 초콜릿을 이렇게 평가했다. 하지만 불과 몇 년 지나지 않아 초콜릿은 그간의 비호감도 아랑곳하지 않고 루이 14세 왕궁에서 소비되기 시작했다. 왕은 초콜릿을 맛볼 기회가 여러 차례 있었다. 어머니인 안 도트리슈[2]가 프랑스에 들여오던 당시 초콜릿은 음료였다. 주로 바닐라로 향을 낸 설탕 시럽에 초콜릿을 녹여 마셨다. 또한 초콜릿 타르트 등 고체 형태 초콜릿도 소비됐는데, 그 흔적은 프랑스 역사의 '대-세기(Grand Siècle)'라고 부르는 17세기 후반 여러 요리책에서 찾아볼 수 있다. 아마도 이런 초콜릿 타르트는 왕실 식탁에 디저트로 나왔을 테고, 단것을 좋아했던 왕은 이것을 이로 깨물어 먹었던 것으로 추정된다.

또한 1671년 4월 15일 세비녜 후작 부인[3]이 딸에게 쓴 편지를 보면, 그

---

1) José de Acosta(1539~1600) : 에스파냐의 예수회 선교사. 페루와 멕시코를 비롯한 신대륙 선교에 중요한 역할을 했다. 저서로 『인디아스에서의 복음전도론』 『신대륙자연문화사』가 있다.

2) Anne of Austria, Anne d'Autriche(1601~1666) : 프랑수아 나바르의 왕 루이 13세의 왕비로 루이 14세의 어머니이다. 아들인 루이 14세가 5세의 나이로 즉위하면서 1643년부터 1651년까지 섭정을 맡았고 1651년 마자랭 추기경에게 섭정 직위를 이양했다. 스페인 왕 페리페 3세의 딸이었던 안 도트리슈는 프랑스에 카카오를 공식적으로 수입한 사람이라고 전해진다.

3) Mme. de Sévigné, Marquise de Sévigné(1626~1696) : 프랑스의 서간문 작가. 귀족 출신으로 서간 문학의

밖에 다양한 유행과 풍문이 생긴 것도 이 시기라는 것을 알 수 있다.

"나의 사랑하는 딸아, 이제 나에게 초콜릿은 예전 같지 않구나. 늘 그랬듯이 나는 유행에 끌렸단다. 초콜릿이 좋다고 말하던 사람들이 이제는 모두 나쁘다는 말만 한단다. 우리에게 닥친 모든 병이 그 때문이라는 저주와 비판의 소리가 높구나. 초콜릿은 호흡과 맥박의 원천이고, 한동안 너를 매우 즐겁게 해줬지만, 그것을 먹고 너는 갑자기 열이 나기도 했었지. 심하면 죽음에 이를 수도 있단다. 내 딸아, 늘 초콜릿을 드셨던 어느 분[4]도 결국 그것의 공공연한 적이 되셨단다. (…) 부디 초콜릿을 멀리하기 바란다."

역사적으로 한번 살펴보자. 카카오 원두가 16세기에 스페인 세비야나 카디스에 처음 상륙했을 때 이것은 아메리카 대륙의 새로운 식물로 주로 귀족들의 식탁에 올랐다. 그러나 카카오 원두에 관해 좀 더 살펴보면, 다음과 같은 사실을 알 수 있다.

사실상 초콜릿은 16세기 초 멕시코, 페루 등을 정복한 콩키스타도르(conquistadors, 에스파냐 정복자)와 선장들, 그리고 미 대륙에 이주한 수많은 유대 상인의 부를 축적하는 귀한 물건이 됐다. 이런 점에서 초콜릿은 '구대륙'과 '신대륙'이라는 두 극을 연결하고 있음을 알 수 있다. 심지어 더는 이국적인 먹을거리가 아니라 일상적인 식재료가 되기에 이르렀다. 이후 프랑스와 나바라의 가톨릭교도 사이에는 사순절 기간에 초콜릿을 마셔도 되느냐는 의문이 생겼다. 인도에서 온 카카오 열매에 관해 질문이 제기됐고, 교황의 대답은 부정적이었다.

최고봉으로 꼽히는 편지들을 남겼다.

4) 뤼드 백작(Le comte du Lude)을 지칭함. 그는 자신의 욕망에 잘 처신할 줄 알았던 소중한 여인인 세비네 부인을 사랑했던 것으로 전해진다.

루이 14세의 초콜릿 타르트

Tarte au chocolat de Louis XIV

> "자신을 이길 수 있는 사람에게는 대항할 만한 것이 거의 없다."
>
> - 루이 14세

파트 사블레 230g 또는 시판용 파트 사블레 1장 :

- 파트 사블레 1kg 분량(이렇게 한번에 1kg씩 대용량으로 만들어두는 것이 적은 양을 만드는 것보다 낫다. 왜냐하면 소량을 만들 때는 반죽에 열이 너무 많이 가해질 수도 있기 때문이다. 반죽한 다음 250g씩 나누어 냉동해 놓고 사용하면 편리하다.)
- 밀가루 500g
- 버터 250g
- 소금 2~3자밤
- 설탕 250g
- 바닐라슈거 작은 봉지 2개
- 베이킹파우더 1자밤
- 달걀 푼 것 2개분

가나슈 :

- 다크 초콜릿(카카오함량 최대 60%) 250g
- 생크림(유지방 30%이상) 300ml
- 무염버터 60g(가염버터도 가능)

파트 사블레 만들기 : 전동 스탠드 믹서 볼에 밀가루를 넣고, 부드러워진 버터와 소금을 넣는다. 플랫 비터를 돌려 모래와 같은 질감이 되도록 섞는다. 설탕, 바닐라슈거, 베이킹파우더를 넣고 잘 섞은 후, 마지막으로 달걀을 넣고 혼합한다. 혼합물을 꺼내 작업대에 놓고 손바닥으로 밀면서 끊어 으깨듯이 반죽한다. 둥글게 뭉친 후 랩으로 싸 냉장고에 하룻밤 보관한다. 밀대로 반죽을 민 다음 포크로 군데군데 찔러준다. 베이킹 팬에 원형 틀을 놓고 반죽을 깔아준 다음 유산지를 놓고 베이킹용 누름돌을 넣는다. 200℃로 예열한 오븐(일반 전기 오븐)에 넣어 20분간 크러스트만 굽는다.

가나슈 만들기 : 잘게 자른 초콜릿을 볼에 넣고 중탕으로 녹인다. 소스팬에 크림을 붓고 60℃가 될 때까지 데운다. 녹인 초콜릿에 버터를 넣고 잘 섞은 다음, 뜨거운 크림을 넣어준다. 거품기를 사용하되 너무 세게 저어 거품을 내지 말고, 원형을 그리며 살살 풀어주며 섞는다. 이렇게 하면 점차 가나슈가 되직하게 굳는다.

주의할 점은 섞는 과정에서 공기가 주입되지 않도록 하는 것이다. 완성된 가나슈를 구워놓은 타르트 틀에 붓고, 표면을 매끈하게 한다.

흥미로운 미식 뒷이야기

베스트셀러 요리책

한 세기의 중간 지점인 1651년, 프랑수아 피에르 드 라 바렌[1]의 요리책 『프랑스 요리사(*Le Cuisinier François*)』[2]가 출간됐다. 이 책은 공전의 베스트셀러가 됐다. 1815년까지 250쇄가 넘게 제작됐으니 오늘날 출판업자들에게는 아마도 꿈같은 이야기일 것이다. 그 인기를 반영하듯 당시 인쇄업자만큼이나 많은 수의 해적판 제작업체가 활개를 치던 암스테르담, 헤이그 등지에는 해적판까지 등장했다.

이 책에는 다양한 식사 성격에 따라 코스 순서대로 내는 포타주, 구운 육류 요리, 앙트르메 등이 자세히 설명돼 있다. 가톨릭교회의 원칙을 존중해 고기를 먹어도 되는 기간, 사순절 이외에 고기를 먹으면 안 되는 기간, 그리고 사순절 기간, 이렇게 세 가지 분류에 따라 그에 맞는 요리들을 소개하고 있다. 육수, 농후제, 육즙 소스, 쿨리(coulis, 야채나 과일 등을 갈아 퓌레로 만든 끈적한 소스) 등을 만드는 법도 주요 목록 사이에 잘 정리돼 있다.

전체적으로 이 책은 700가지가 넘는 레시피를 일일이 번호를 매겨 목

---

1) François Pierre de La Varenne(1618~1678) : 프랑스의 요리사. 샬롱 쉬르 손의 주지사 윅셀 후작의 요리사였던 그는 옛 중세 요리로부터 탈피한 근대 오트 퀴진 요리법을 자세히 기록한 조리서 『프랑스 요리사』를 집필했다.

2) françois : '프랑스의'라는 의미의 옛 표기로 현재의 français와 동일하다. 1835년 프랑스어 철자법 개정 이전까지 사용됐으며 '프랑수에'라고 발음한다.

차에 분류해 놓은 총람이라 할 수 있다. 당시로써는 책의 구성을 일목요연하게 보여주는 목차 형식이 전에 없던 새로운 시도였다.

1인칭 화법으로 책을 쓴 바렌은 요리사로서의 구문과 문법을 제시하며 새로운 문학 장르의 토대를 만들었다. 하지만 이런 혁신적 요소만으로는 이 책의 위대함과 존재감을 설명하기에 부족하다.

무엇이 이 책을 그토록 유명하게 만들었을까?

프랑수아 피에르 드 라 바렌은 여러 이유에서 선구자로 떠올랐다. 무엇보다도 이전 약 1세기 동안 어떤 요리책도 출간되지 않았다. 오랜만에 등장한 이 책은 위대한 17세기의 새로운 맛을 널리 알리는 계기가 됐다. 이 책은 요리의 기술적 측면을 다뤘을 뿐 아니라, 후대에까지 이어질 레시피들을 폭넓게 소개한다. 이후 요리를 둘러싼 다양한 의견이 제시되고 반박될 때 이 책은 그 쟁점의 중심 자료가 됐다. 그뿐 아니라 피에르 드 륀[3]에서부터 프랑수아 마시알로[4]에 이르기까지 여러 요리사의 책이 출간되면서 바렌의 이 요리서는 꼭 필요한 참고문헌이 됐다.

윅셀 후작, 다시 말해 니콜라 샬롱 뒤블레의 전속 요리사였던 바렌은 요리의 기술면에서 향신료의 올바른 선택법을 제시했고, 레시피에 부케가르니[5]를 사용했다. 바렌은 아 라 모드(à la mode), 블루(au bleu), 나튀렐(au naturel) 등 다양한 조리 방식도 자세히 설명해놓았으며 이 방식들은 나중에

---

3) Pierre de Lune : 프랑스의 요리사. 1656년 요리책 『요리사(*Le cuisinier*)』 발간

4) François Massialot(1660~1733) : 프랑스의 유명 요리사. 궁정과 귀족 계층의 요리를 담당했던 마시알로는 1691년 출간한 요리책『왕족과 부르주아의 요리사(*Le Cuisinier royal et bourgeois*)』를 비롯한 여러 권의 가치 있는 조리서를 집필했다.

5) bouquet garni : 부케가르니는 파슬리 줄기, 월계수 잎, 타임, 셀러리 등의 향신재료를 리크(서양대파)로 싼 다음 실로 묶어 고정한 것을 말한다. 육수나 소스 등을 만들 때 넣어 향을 내거나 잡내를 제거하기 위해 사용하는 것으로 향이 우러나면 꺼낸다.

보편화됐다.

그 덕분에 당시 사람들은 외프 아 라 네즈(oeuf à la neige), 비스크(bisque), 베샤멜(béchamel) 등이 무엇인지 자세히 알 수 있게 됐다. 소스 등의 농도를 조절하는 농후제(liaison)는 버섯, 송로버섯, 아몬드 베이스로 만들었고, 밀푀유도 이 시기에 등장했다. 이처럼 유명해진 바렌은 그 성원에 힘입어 『프랑스 파티시에(Pâtissier françois)』도 펴냈고, 1662년에는 『체계적인 요리사(Le Cuisinier méthodique)』, 이어 1667년에는 『완벽한 잼 메이커(Parfait confiturier)』를 출간했다.

『프랑스 요리사』가 출간된 지 5년이 지난 1656년, 피에르 드 륀이 집필한 책『요리사』가 큰 인기를 끌었다. 이 책에는 계절에 따라 모든 종류의 고기, 수렵육, 가금류, 바다 생선과 민물 생선 요리법이 자세히 수록돼 있다. 그뿐 아니라 찬 파티스리와 더운 파티스리 레시피도 망라돼 있다.

파리의 서적상 피에르 다비드는 다름 아닌 바렌의 책을 출간한 인물이다. 그는 사실상 바렌의 책 재판본 발행과 피에르 드 륀 책의 출판권을 손에 넣었다. 바렌의 책이 종교 절기에 기반을 뒀다면, 피에르 드 륀의 책은 계절을 기준으로 삼았다.

이 책 역시 전체적으로 900여 가지 레시피가 음식을 내는 순서에 따라 잘 정리돼 있고, 바렌의 책에서는 중간에 삽입돼 있던 육즙 소스, 쿨리, 소스에 관한 설명이 피에르 드 륀의 책에서는 첫머리에 따로 정리돼 있다.

이 책은 바렌의 책과 비슷한 점들이 조금 있는데, 이를 단순히 과거로의 회귀라고 볼 수만은 없다. 고난 주간 성 금요일에 알맞은 요리라는 주제로 레시피를 묶어놓은 것을 보면, 종교적 이유로 육식을 절제했던 풍습이 오히려 채식 위주의 가벼운 요리가 발달한 계기가 됐음을 알 수 있다.

이 시기부터 다른 요리사들의 활약도 돋보인다. L.S.R과 프랑수아 마시알로가 대표적이다. 'L.S.R'이라는 알파벳 약자로만 남은 요리사의 이름은 정확하게 알려지지 않았다. 그는 『환대의 기술(L'Art de bien traiter)』이라는 책을 집필했는데, 아마도 '로베르'라는 이름의 요리사였거나, '롤랑'이라는 이름의 식사 관리인이었을 것으로 추정된다. 여기서도 바렌이 제시한 레시피들이 중요한 위치를 차지한다. L.S.R은 튀긴 송아지 머리 요리 레시피를 혹평했다. "송아지 머리는 당신을 웃게 하지 않고 오히려 연민의 눈물을 흘리게 하지 않겠는가?" L.S.R은 오래 끓이기, 슬로우 쿠킹, 식재료의 균형 등 다양한 문제에서 이치를 꼼꼼히 따지며 체계적으로 요리의 발전에 이바지했다. 그 덕분에 버터를 이용한 요리가 결정적으로 등장했고, 기름진 소스가 인기를 끌게 됐으며, 짭짤한 간이 있는 요리와 단 음식이 엄격하게 분리됐다. 더 간단한 조리법과 더 신중한 재료 선택을 통해 궁극적으로 더 좋은 맛을 추구하게 된 것이다. 이 같은 상세한 설명은 단지 요리에만 국한된 것이 아니라, 테이블 세팅과 매너 등에서도 볼 수 있다. 즉 미각적 즐거움만큼 시각적 아름다움도 중요하다는 인식이 싹튼 것이다. 이 책은 손님을 잘 대접하는 기술과 요리를 잘하는 기술 등 모든 면을 두루 다루고 있다. 그 내용을 보면 미각적 즐거움과 시각적 호감이 얼마나 밀접한지 알 수 있다. 저자는 이 책에서 균형감, 구조적 아름다움, 맛, 섬세함, 정확성, 종교적 규율에 관해 이야기한다. 그리고 그 모든 것을 전체적으로 아우르며 궁극의 절제된 우아함과 세련미를 끌어내는 데 전력을 기울인다.

17세기에 베스트셀러 요리책을 펴낸 마지막 작가로 마시알로를 꼽을 수 있다. 바텔[6]이나 바렌과 달리 그는 어떤 특정 귀족 가문에 소속된 전속 요리사는 아니었지만, 기회가 있을 때마다 루이 14세의 동생인 오를레앙 공 필리프 1세 혹은 샤르트르 공작, 루부아 후작, 오를레앙 공작 등의 요리를 담당했다.

1691년 출간한 『부르주아 요리사(Le Cuisinier bourgeois)』는 제목만으로도 눈길을 끈다. 부르주아 요리란 과연 어떤 것일까? 귀족계급 요리와 대조되는 것으로 봐야 할까? 절대 그렇지 않다. 단지 귀족 집안보다 하인 수가 적은 집의 가정 요리를 의미할 뿐이다.

마시알로의 『부르주아 요리사』는 거의 전체가 조리 기법에 할애된 최초의 책이라 할 수 있다. 이 책은 간단한 조리법으로 우아하고 세련된 요리를 만드는 방법을 제시한다. 당시 프랑스 요리는 세계 제일의 요리로 인정받았다. 마시알로는 자신의 책 서문에 이렇게 명시했다. "우리는 프랑스가 다른 나라 요리에 끼친 영향을 자랑스러워해도 된다. (…) 이 책은 내가 주장하려는 것을 잘 보여주는 증거가 될 것이다."

1651~1691년, 단 두 세대를 거치는 동안 요리사의 책은 인정받게 됐고 유럽 전체에 영향을 끼쳐 프랑스 요리가 최고라는 인식을 널리 심어줬다.

---

6) François Vatel(1631~1671) : 메종 뒤 그랑 콩데(maison du Grand Condé)의 요리사. 루이 14세 시절 재 정감독관이던 니콜라 푸케(Nicolas Fouquet)와 콩데 공작(Louis de Bourbon, le Grand Condé)의 집사 겸 요리장. 루이 14세 시절 보 르 비콩트성(château de Vaux-le-Vicomte)과 샹티이성(château de Chantilly)의 화려한 대규모 연회와 식사를 총지휘한 요리사였으나, 1671년 루이 14세가 샹티이를 방문했을 때 왕의 식사에 제공될 생선이 늦게 도착할지도 모른다는 소식을 듣고 자살로 생을 마감했다.

12 샌드위치 경, 빵과 게임을 동시에 즐기다
1750

18세기. 귀족의 삶은 그 매력을 많이 잃었다. 파리 궁정 근처나 마드리드, 런던 등에 살면서 도시인이 된 귀족계급은 예전만큼 사냥의 즐거움도 누리기 힘들어졌다.

전쟁은 일상이 돼버렸고, 경쟁국 간의 충돌이 여전히 잦긴 했지만 대부분 먼 곳의 일이었다. 여러 분야의 관리 운영과 중농주의자들의 새로운 시도가 이어졌으며, 그중에서도 지방 장관들의 업무 변화가 가장 두드러졌다. 모든 대도시, 특히 런던에서는 사교 모임이 우후죽순 생겨났고 궁정 귀족들은 필사적으로 카드놀이라는 새로운 여가 활동에 몰두했다. 가장 합리적인 계층이라는 몇몇 그룹마저 이 게임에 빠져들었다.

1718년 출생한 샌드위치 4대 백작 존 몬태규도 카드 게임 마니아였다. 사실 그의 경력은 매우 화려했다. 1744년 해군 사령관으로 임관한 뒤, 1748~1751년 해군 장관을 지냈고, 1763년과 1771~1782년 재임했다. 하지만 이렇게 유능한 정치인도 자신의 취미활동을 소홀히 하지 않았다. 존 몬태규는 두 가지에 열정을 쏟았는데, 하나는 그의 정부 파니 머레이였고, 다른 하나는 바로 카드 게임이었다. 몇 시간 동안 테이블 앞에 앉아 게임에 집중하곤 했던 그는 어떤 이유에서든, 특히 식사 같은 사소한 이유로 게임을 중단하고 자리에서 일어나기를 몹시 싫어했다. 역사학자이며 작가인

피에르 장 그로슬리는 그의 저서 『런던 여행(*A Tour to London*)』에서 몬태규 백작은(아마 이것은 그의 요리사가 제안한 아이디어였을 수도 있다) 빵 두 장 사이에 찬 고기와 치즈를 넣은 음식을 고안했고, 그러자 같이 카드 게임을 하던 사람들이 '우리에게도 샌드위치와 같은 것을 달라'고 주문했다고 한다. 게임 중에 자리를 뜨지 않고 간편히 먹을 수 있게 만든 이 음식에 샌드위치 경의 이름을 따서 붙였고, 이렇게 해서 오늘날의 샌드위치가 탄생했다.

물론 그 후로 샌드위치는 다양해지고 더 세련돼졌다. 호텔 바에서 먹는 클럽 샌드위치나 영국식 티타임에 곁들이는 미니 사이즈의 핑거 샌드위치는 샌드위치 경이 급조해 만든 샌드위치와 전혀 다르다. 그러나 이들은 투박하고 단순했던 오리지널보다 더 큰 즐거움을 주지 않는가?

샌드위치 경의 샌드위치
Le sandwich de lord Sandwich

- 달걀노른자 1개
- 머스터드 1 테이블스푼
- 소금
- 후추
- 식용유 250ml
- 샬롯 1개
- 케이퍼 1티스푼
- 코르니숑 오이피클 1개
- 처빌
- 타라곤

- 호밀빵 슬라이스 8장
- 로스트비프 슬라이스 8장
- 샤프 체다치즈 슬라이스 8장
- 크레송(워터크레스, 물냉이)

달걀노른자와 머스터드를 섞고 소금과 후추를 넣는다. 식용유를 조금씩 넣어주며 거품기로 혼합해 마요네즈를 만든다. 샬롯과 케이퍼, 코르니숑, 처빌, 타라곤을 모두 잘게 다진 뒤 마요네즈에 넣고 잘 섞는다. 이 스프레드를 호밀빵에 잘 펴 바른다.

네 장의 빵 위에 고기, 치즈, 고기, 치즈의 순서로 4장을 각각 올린 다음 크레송을 얹고 다른 빵으로 덮는다. 즉시 서빙한다. 먹는 기쁨을 더 이상 지체할 수 없다.

흥미로운 미식 뒷이야기

황제의 식탁

중국 자금성의 고문서 기록을 보면 황실의 식단들이 보존돼 있는데,
이는 모두 중국 내무부가 인증한 것들이다. 1747년 11월 3일 청나라 6대
황제인 건륭제가 자금성 밖에 있는 원명원(현 이화원)에서 홀로 식사할 때
식탁에 오른 음식에 관해 이런 기록이 남아 있다.

진홍색 물결무늬 장식이 있는 대접에 제비집과 얇게 썬 닭 가슴살을 채운
사과, 표고버섯, 훈제 햄, 배추가 담겨 나왔다.
오복 문양 칠보로 장식된 큰 대접에 배추와 버섯으로 싼 닭 날개 요리가
담겨 나왔다. 같은 장식이 있는 또 다른 큰 대접에도 배추와 함께 볶은 닭
가슴살이 담겨 나왔다.
같은 장식의 큰 대접에 짙은 색 간장에 조린 양 어깨살이 담겨 나왔다.
같은 장식의 큰 대접에 쑤저우(苏州)식 다진 고기 요리가 담겨 나왔다.
같은 장식의 큰 대접에 새콤한 채소를 곁들인 꿩 가슴살 요리가 담겨 나
왔다.
노란색 볼에 숙주를 곁들인 말린 사슴고기가 담겨 나왔다.
솥에 넣고 조린 닭고기, 양고기, 노루고기 찜이 은으로 된 큰 접시에 담겨
나왔다.

봉헌용 넓은 은쟁반에 돼지고기와 양고기 요리가 담겨 나왔다.

은 면기에 쌀국수가 담겨 나왔다.

노란색 접시에 작은 꽃빵이 담겨 나왔다.

은 면기에 장수를 상징하는 국수가 담겨 나왔다.

용 문양이 장식된 보라색 접시에 꿀이 담겨 나왔다.

장수를 상징하는 오복 문양의 칠보로 장식된 접시에 계화나무 꽃에 재운 순무와 시금치 등 섬세한 채소 모둠 요리가 담겨 나왔다.

이 밖에도 식사에는 증기로 찐 작은 만두와 빵 8접시, 금색 뚜껑을 덮은 칠보 장식 그릇에 담은 쌀밥, 그리고 수란을 띄운 양고기 탕, 뭇국, 꿩고기 탕이 곁들여졌다.

신성불가침인 중국 황제의 식단을 자세히 기록한 이 유일한 고서를 읽어보면 아시아와 유럽의 식문화의 차이를 쉽게 알 수 있다. 황제의 식사는 엄격하게 체계화돼 있었다. 예를 들어 주 요리에는 20근의 여러 종류 고기를 사용해야 하고, 국물을 끓이는 용도로는 다양한 종류의 고기 4근 반이 들어간다. 108가지 요리로 구성된 황제의 식사에는 조리기, 볶기, 오래 끓이기, 증기로 찌기 등 모든 종류의 조리법이 고루 사용돼야 한다. 요리의 가짓수로 보면, 왕실의 다른 구성원들에게는 계급에 따라 점점 그 수가 적어진다. 황후는 96가지 요리, 왕의 첫 번째 서열 후궁에게는 64가지 요리가 제공됐다.

황제의 식단을 구성하는 데는 사소한 부분까지 세심한 정성을 들였으며, 요리 이름과 분량, 그리고 요리사의 이름까지 기록했다.

황제가 직접 자기 식단을 정하지는 않았지만 특별히 선호하는 음식을 지목할 때도 있었다. 또한 같은 음식을 연달아 세 차례 내서는 안 됐다. 식단은 영양사들이 균형과 조화를 고려해 짰는데, 보통 6가지의 채소, 6가지 음료, 6가지의 주 요리, 100가지 맛을 내는 식재료, 100가지 양념, 그 밖에도 좋아하는 요리 8가지가 평상시 상에 올랐다. 또한 식초, 꿀, 술, 생강, 소금의 5가지 풍미와 밀, 쌀, 옥수수, 귀리, 전분질 등의 5가지 곡류도 눈에 띈다. 음식은 음양의 조화를 고려해 만들었으며, 계절 또한 중시했다. 봄에는 주로 채소 위주로, 여름에는 즙과 소스를 많이 사용했다. 가을에는 음식의 간이나 양념이 더욱 뚜렷하고 진해졌으며, 겨울에는 따뜻한 음료나 국물 요리 등이 특별히 준비됐다.

계절에 따라 맛의 구분도 분명해 봄에는 새콤한 맛, 가을에는 시원하고 상큼한 맛, 여름에는 쌉쌀한 맛, 그리고 겨울에는 짭짤한 맛을 주로 강조했다. 또한 식재료의 궁합도 중시했는데, 쇠고기에는 쌀밥을, 양고기에는 수수를 곁들였다. 영양소의 조화를 고려한 이런 건강 식단은 황제의 평안과 행복을 늘 염두에 뒀다.

황실의 식사는 고독한 시간이었다. 당시 중국 황실의 큰 규모 연회가 담고 있는 정치적 의미나 목적은 유럽의 황실 연회의 경우와 전혀 달랐다. 자금성에서 황제와 황후, 황세자는 매일 아침 태후에게 문안 인사를 드린다. 하지만 정월 대보름이나 춘제(음력설) 등 큰 명절을 제외하면 함께 식사하는 일은 매우 드물었다. 어떤 해에는 생일이나 결혼식을 축하하고자 공식적인 연회를 베풀기도 했는데, 그 규범과 절차는 매우 엄격했다. 간단한 초대에도 엄격한 예법을 준수해야 했다. 예를 들어 황제가 첩을 초대할 때에도 초대장은 황실 환관을 통해 가마에 태워 당사자에게 전달됐다. 그러면 초대받은 사람은 초대된 장소로 가서 식사의 전후는 물론이고 음식을 먹을 때마다 머리를 조아리며 예를 표해야 했다.

　　한편, 드문 경우이기는 해도 연로한 태후의 자유분방한 행적을 기록을 통해 찾아볼 수도 있다. 잔혹하기로 유명했던 서태후의 괴팍한 전횡이 특히 그랬는데, 심지어 다음과 같은 일화도 기록으로 남아 있다. "광서제는 황후 샤오딩(융유황후)을 거의 돌보지 않고 방치했다. 그녀를 전혀 사랑하지 않았으며, 밤은 물론이고 낮에도 함께하지 않았다. 그녀는 광서제의 이모인 서태후와 함께 식사하곤 했다." 좀 더 정확하게 말하자면 서태후의 식탁에서 식사했다. 왜냐하면 연로한 서태후가 식사를 마칠 때까지 기다렸다가 남긴 것을 먹어야 했기 때문이다. 한마디로 그녀에게는 특별대우도, 모두가 꿈꾸는 황후의 화려한 영광도 사라졌던 것이다. 서태후는 예외적으로 호의가 넘칠 때 환관이나 젊은 궁녀를 불러들여 자기가 맛만 본 음식을 먹게 하거나 찻잔에 남은 차를 마시게 했다. 이렇게 몇몇 시종은 태후의 음식 접시를 비우며 계급의 사다리를 타고 성큼성큼 위로 올라갔고, 서태후가 남긴 음식을 먹어치우는 행운을 누리지 못한 이들의 원한과 질투를 샀다.

13 왕실 정부(情婦)의 매력
1755

    루이 15세와 그의 정부(情婦)였던 퐁파두르 후작부인 잔 푸아송[1]이 즐겨 먹은 유명한 클래식 디저트 '퓌 다무르(puits d'amour, '사랑의 우물'이라는 뜻)'의 기원을 얘기하려면 뱅상 라 샤펠[2]과 버터라는 식품을 언급하지 않을 수 없다.

    뱅상 라 샤펠은 누구인가. 17세기 말에 태어나 '계몽시대'라고 부르는 18세기 중반에 생애를 마친 이 요리의 거장은 1742년 『새로운 시대의 요리사(Le Cuisinier moderne)』라는 책을 집필해 출간한다. 이 책에서 그는 좀 더 단순하면서도 지적이고 과학적인 요리를 제안한다. 모든 종류의 요리를 종합적으로 다룬 이 책에서는 특히 라드를 넣어 만든 타르트 반죽 시트에 달걀과 크림 혼합물을 채워 넣어 굽는 '키슈(quiche)'라는 파이를 버터를 넣어 만든 파트 푀유테로 발전시켰는데, 이것은 종이처럼 얇은 페이스트리로 입안에서 사르르 부서지는 가볍고 바삭한 식감이 특징이다.

    파티스리에 버터를 사용하겠다는 아이디어는 획기적인 변화를 이뤘

---

1) Jeanne-Antoinette Poisson, marquise de Pompadour(1721~1764) : 프랑스의 궁정인이며, 로코코 문화의 상징적 존재. 파리에서 출생, 베르사유에서 사망, 평민 출신이지만, 문화적 교양을 지녔고, 타고난 미모와 야심으로 국왕 루이 15세 (재위 1715~74)의 총애를 받는 정부(측실)가 됐다(1745~1750).

2) Vincent La Chapelle(1690~1745) : 프랑스의 요리사, 요리 서적 저술가.

다. 라드가 아니라 버터를 쓰게 되면서 투르트나 다리올[3)]에 국한하지 않고, 달콤한 타르트까지 만들 수 있게 된 것이다.

17세기까지 버터는 가톨릭의 사순절 등 금식 기간에만 허용됐다. 따라서 이것을 일상적으로 애용했던 플랑드르 사람들과는 달리 프랑스에서 버터에 대한 시선은 그리 곱지 않았다. 그래도 기름보다 값이 쌌기에 버터를 택하는 사람들이 늘어났다. 게다가 14세기에는 소에서 나온 식품을 엄격하게 금지했지만 가톨릭교회는 사순절 기간과 육식을 할 수 없는 금식일에 버터 소비를 허용했다. 루앙에 있는 가톨릭 성당 탑 중에는 '버터 탑'이라는 것이 있는데, 이 건축물 일부가 16세기 초 사순절 기간에 버터를 먹도록 허락받은 열성 신자들의 헌납으로 지어졌기에 붙은 이름이다. 16세기, 특히 17세기에는 버터의 사용이 보편화됐고, 아마도 이런 배경을 통해 라 샤펠은 새로운 요리를 만들었을 것이다. 그는 짭짤한 간이 있는 일반 요리(뵈르 블랑 소스의 농어)뿐 아니라 이제 달콤한 디저트(파트 푀유테)에도 버터를 사용한 레시피를 선보인다.

퐁파두르 후작 부인의 퓌 다무르
Le puits d'amour de la Pompadour

파트 푀유테 :
- 밀가루 200g + 밀가루 50g(작업대용)
- 소금 1티스푼

---

3) dariole : 작은 원추형 베이킹 틀, 또는 그 틀에 넣어 만든 페이스트리나 커스터드.

- 물 100ml
- 버터 200g

바닐라 크렘 파티시에 :
- 우유 500ml
- 바닐라 빈 2줄기
  (통통하고 윤기가 나며 탄력 있게 휘는 것으로, 길이가 최소 19cm인 것)
- 달걀노른자 6개
- 설탕 150g
- 옥수수 전분 40g
- 굵은 입자의 크리스털 설탕 30g

하루 전에 파트 푀유테 만들기 : 전동 스탠드 믹서 볼에 체에 친 밀가루와 소금, 물 분량의 3/4을 넣는다. 도우 훅을 돌려 재빨리 반죽한다. 너무 오래 반죽하면 끈기가 생기니 주의한다. 냉장고에 넣어 20분 정도 휴지시킨다. 이는 밑반죽인 데트랑프와 버터가 동일한 온도가 되도록 하기 위한 중요한 과정이다. 작업대에 밀가루를 뿌리고, 냉장고에서 꺼낸 반죽을 밀대로 1cm 두께로 민다. 버터 블록을 가운데 놓고, 네 귀퉁이를 중앙으로 모아 접어 잘 붙인다. 밀대로 길게 민 다음 3등분으로 접는다.

즉, 한 쪽 끝을 1/3만큼의 길이로 중앙을 향해 접어준 다음 나머지 한 쪽 끝도 마찬가지로 그 위로 접는다. 정사각형이 된 반죽의 방향을 바꿔 같은 방식으로 한 번 더 밀어 접는다. 다시 냉장고에 넣어 20분간 휴지시킨다. 이렇게 하는 한 번의 과정을 투르(tour, turn)라고 한다. 휴지시간이 지나면 반죽을 꺼내 같은 작업을 다시 한 번 반복해 두 번째 투르 과정을 마친 다음 다시 냉장고에 20분간 넣어둔다. 최소한 6투르의 밀어 접기(최소 2시간 소요)가 필요하다. 밀어 접기 횟수가 많아질수록 반죽이 가볍고 바삭해진다. 반죽을 오븐에서 구우면 수많은 얇은 층이 겹겹이 생기는 것을 확인할 수 있을 것이다. 오븐(일반 전기 오븐)을 200℃으로 예열한 뒤 얇게 민 파트 푀유테를 틀에 앉히고, 다른 내용물 없이 크러스트만 10분간 굽는다. 굽는 도중 부풀어 오르지 않도록 베이킹용 누름돌을 얹어준다. 없다면 알루미늄 포일을 덮은 뒤 굵은 소금을 넣어 눌러줘도 된다. 오븐에서 타르트 시트를 꺼낸 뒤 식힌다.

바닐라 크렘 파티시에 만들기 : 통통한 바닐라 빈을 납작하게 누른 다음, 칼날을 이용해 밀면서 펴준다. 바닐라 빈의 양 끝을 잘라낸 다음, 길게 칼집을 낸다. 질이 아주 좋은 바닐라 빈의 경우 검은 액체가 방울방울 맺히기도 한다. 이렇게 준비한 바닐라 빈을 우유에 넣고 끓인다. 끓으면 바로 불을 끄고 바닐라 향이 우러나게 15분간 그대로 둔다. 달걀노른자와 설탕을 흰색이 될 때까지 혼합한다. 마지막에 옥수수 녹말가루를 넣고 재빨리 섞는다. 우유를 다시 가열해 작은 기포가 올라오며 끓으려고 하는 순간 불에서 내린 뒤 재빨리 달걀 설탕 혼합물에 붓고 저어 섞는다. 이것을 다시 냄비에 옮겨 담고 불에 올린다. 온도계로 측정해 82℃(온도계가 없다면, 처음 기포가 올라오는 순간이 바로 이 온도다)가 되면 불에서 내린 다음, 얼음이 담긴 큰 볼에 냄비를 넣어 재빨리 식힌다. 크림을 찬 용기에 덜어낸다. 키친랩을 크림의 표면에 밀착시켜 덮어준다. 그래야 표면이 굳어 막이 생기는 것을 방지할 수 있다. 식힌 다음, 미리 구워 둔 타르트 시트에 부어 채운다.

표면에 입자가 굵은 크리스털 설탕을 뿌린 뒤 토치로 그슬려 마치 크렘 브륄레처럼 캐러멜라이즈한다. 토치가 없으면 오븐의 브로일러 아래 가까이 놓고 지켜보면서(재빨리) 구워낸다.

14 여왕의 크루통
1772

루이 15세의 딸들은 마리 앙투아네트를 '오스트리아 여자'라고 불렀다. 공쿠르 형제가 쓴 그녀의 전기를 읽어보면 프랑스 앙시앵 레짐(절대 왕정 체제) 마지막 왕비였던 그녀의 메뉴 한 가지 정도는 찾아볼 수 있다. 물론 이를 자세히 파악하려면 오랫동안 잊혔거나 방치된 문헌들을 찾아봐야 한다.

삼부회가 열리기 불과 일 년 전인 1788년 5월 트리아농에서 여왕이 준비한 만찬은 다음과 같은 메뉴로 구성돼 있다.

쌀, 크림, 양상추를 곁들인 크루통, 여성들을 위한 크루통으로 구성된 네 가지 종류의 포타주 코스, 양배추 소고기 요리, 꼬치에 꿰어 구운 송아지 등심이 나온 그랑드 앙트레, 그리고 스페인식 파테, 양갈비 구이, 어린 토끼 꼬치구이, 달걀과 빵가루를 입혀 튀기듯 구운 닭 날개, 칠면조 날개, 목 등의 고기와 콩소메, 치커리 뿌리를 박은 양갈비 랙, 라비고트 소스팬 프라이드 칠면조, 송아지 흉선 파피요트, 매콤한 소스로 조리한 송아지 머리, 타르타르 스타일 닭고기, 꼬치에 꿰어 구운 새끼 돼지, 코(Caux)산 닭 콩소메, 오렌지 소스로 조리한 루앙(Rouen)산 닭요리. 라이스를 곁들인 닭 가슴살 냄비 요리, 차가운 닭요리, 오이를 곁들인 영계 블랑케트 등 16가지 앙트레가 나온다. 또한 4가지 오르되브르에는 어린 토끼 안심, 송아지

갈빗살 꼬치구이, 송아지 정강이 콩소메, 차가운 새끼 칠면조 고기가 포함됐다. 로스트 요리도 10가지가 준비돼 닭, 밀가루, 달걀, 빵가루를 입혀 튀긴 거세 수탉 고기, 새끼 산토끼, 새끼 칠면조, 새끼 자고새, 어린 토끼 등이 포함됐다. 그 밖에도 16가지 소소한 앙트르메도 선보였다.

열거된 요리의 가짓수로 봐서 이는 여왕과 개인적으로 친분이 있는 이들과의 식사로, 약 40명의 손님을 초대한 소규모 모임으로 추정된다. 이 메뉴들은 네 차례 서빙으로 나뉘었다. 첫 번째 서빙은 포타주, 오르되브르, 를르베(코스 연결 또는 대체 음식. les relevés de potage, 포타주와 앙트레 사이), 앙트레로 구성됐다. 두 번째 서빙은 로스트 요리들과 샐러드, 세 번째 서빙은 차가운 파테 종류와 각종 앙트르메, 그리고 마지막 서빙에는 디저트가 제공된다. 디저트에는 신선한 과일, 콩포트, 비스퀴, 마카롱, 치즈, 다양한 사탕과 프티푸르 과자뿐 아니라 잼, 아이스크림 등이 모두 포함된다.

우선 첫 번째 서빙에서 두 가지가 눈에 띄는데, 포타주와 크루통이다. 오늘날 채소 수프라고 하면 우리는 주로 채소를 갈아 만든 블루테 질감의 걸쭉한 액체 요리를 떠올리는데, 여기에 크림을 넣어 식감을 부드럽게 하거나 크루통을 얹기도 하고, 경우에 따라서는 치즈를 올려서 내기도 한다. 프랑수아 1세의 아내인 클로드 왕비부터 마리 앙투아네트에 이르기까지 프랑스 왕비들은 모두 수프로 식사를 시작했다. 타유방부터 마시알로에 이르는 요리사들의 레시피를 보면 수프는 많은 양의 고기와 다양한 채소를 육수에 넣고 약한 불로 뭉근히 오래 끓여 만든다고 돼 있다. 하지만 오늘날 우리에게 익숙한 블루테와 달리 재료를 곱게 갈지는 않았다. 약한 불에 오래 끓이고 나서 서빙 전에 빵을 담가 적시기도 했다. 여왕은 포타주에

크루통을 곁들여 먹었다. 빵을 버터에 굽거나 볶아낸 크루통은 당시 부를 상징하는 음식이었다.

마리 앙투아네트의 허브 포타주
Potage aux herbes de Marie-Antoinette

- 소렐(수영) 200g
- 시금치 200g
- 셀러리 잎 100g
- 크레송 잎 100g
- 이탈리안 파슬리 잎 100g
- 양파 1개
- 버터 350g
- 오이 1개 반
- 감자(빈체 등 포타주용 감자) 1kg
- 치킨 스톡 부이용 큐브 1개(선택사항)
- 생크림 몇 테이블스푼(선택사항)
- 굳은 식빵 200g

허브류는 씻은 후 채소탈수기를 사용해 물기를 제거하고 잎만 떼어 놓는다. 잘게 썬 양파에 버터 100g을 넣고 수분이 나오고 색이 나지 않게 볶은 뒤, 허브, 껍질을 벗기고 씨를 제거한 오이, 씻어서 잘게 자른 감자를 넣는다. 부이용 큐브를 풀어 약 2리터의 닭 육수를 준비한 뒤, 채소 냄비에 붓고 아주 약하게 끓인다. 25분간 끓인 뒤 불을 끄고 믹서로 간다. 느린 속도로 갈면서 작게 자른 버터와 생크림을 넣고 섞는다. 다시 불 위에 올리고 10분 정도 약하게 끓이며

크림이 뭉치지 않게 잘 섞는다. 간을 맞춘다.

마지막으로, 팬에 버터 100g을 녹인 다음, 작은 큐브 모양으로 자른 식빵을 넣고 노릇하게 골고루 지진다. 키친타올에 재빨리 덜어 기름기를 제거한다.

오르되브르용 길쭉한 접시에 담고 수프와 함께 서빙한다.

15 바스티유 감옥 식사
1784

1784년 사드 후작은 감옥에 갇혀 있었다. 법원 재판이나 왕의 명령에 따른 결과가 아니었다. 그의 투옥은 가문의 불명예요 수치였다. 도나시앵 알퐁스 프랑수아 드 사드, 일명 사드 후작은 죄수에게 제공되는 음식을 거의 먹지 않았다. 수감된 상태에서 그는 좀 더 나은 음식을 요구하거나, 정해진 시간에 제공되는 식사 외에 그가 좋아하는 음식을 따로 주문하기도 했다.

프랑스 국립 도서관에 보관된 관련 자료에서 그가 주문했던 음식의 자취를 찾아볼 수 있다. '사드 후작이 포타주와 감자튀김을 주문했다'는 기록이 아름다운 손 글씨체로 남아 있다. 그는 또한 '연하고 육즙이 남아 있는 송아지 커틀릿, 닭고기, 자고새, 크림 커피, 초콜릿 크림, 가자미'를 먹고 싶다고 했다. 딱 그것이면 된다고 했다.

사드 후작은 메뉴 끝에 이렇게 기록했다. "프랑수아(그의 시종)는 기존 합의에 따라 나에게 하루 다섯 번 식사를 준비했다. 이곳에서는 이 같은 다섯 번 식사 외에 수프를 한 번 더 내올 것이다. 하지만 이곳의 모든 음식은 싸구려이고, 아주 형편없는 디저트도 요리로 간주되며, 맛있는 음식이라고는 하나도 없으니 다른 메뉴로 바꿔도 상관없다. 합의에 따라 닭, 자고새, 커피 혹은 초콜릿 크림, 가자미에 대해서는 추가로 비용을 지급하겠지만, 익힌 감자 값은 내지 않을 것이다. 프랑수아는 이 합의에 대해 잘 생각해보기 바라며, 그리 하면 그가 주인보다 더 유리하다는 것을 깨닫게 될 것이다. 중요한 것은 아침과 저녁에 준비한 음식이 아주 맛있어야 한다는 것이다."

사드 후작은 이렇게 음식을 먹었고 글을 썼다.

감금돼 신경이 날카로워진 상태에서 그는 심혈을 기울여 『소돔의 120일』을 집필했다. 폭력과 강간, 남색이 얽히고설킨 이 작품 중간중간에 식사 장면이 나온다. 때로는 죄수 급식, 때로는 사식을 먹던 저녁식사와 밤참이 상세히 기록돼 있다. "귀족들의 만찬만큼 화려한 메뉴는 아니었지만, 사드는 네 번에 걸친 각각의 서빙에 12가지 요리가 나오는 이 식사에 만족했다. 오르되브르에는 부르고뉴 와인, 앙트레에는 보르도 와인, 로스트 요리에는 샹파뉴, 앙트르메에는 에르미타주 와인, 디저트에는 토케 와인이나 마데이라 와인을 마셨다. 얼굴이 점점 달아올랐다. 당시 부인에 대한 무소불위의 권력을 누렸던 사람들은 부인을 함부로 다뤘다. 콩스탕스는 심지어 남편 헤라클레스에게 접시를 즉시 대령하지 못했다고 구박당하고 맞기까지 했다. 그는 공작의 은덕에 힘입어 자신에게 특권이 있다고 자만한 나머지 부인을 구타하거나 구박해도 된다고 믿었다. 그에게 이런 무례한 행동은 그저 웃어넘길 일에 지나지 않았던 것이다. 디저트에 취한 퀴르발은 부인의 얼굴에 접시를 던졌는데, 정통으로 맞았다면 얼굴이 찢어졌을 것이다."[1]

12가지 요리로 구성된 코스가 네 번이나 나왔으니 바스티유 감옥의

---

1) 사드 후작, 『소돔의 120일』, 제1부, 첫 번째 날, 파리, Édition de Maurice Heine 출판, 1931.

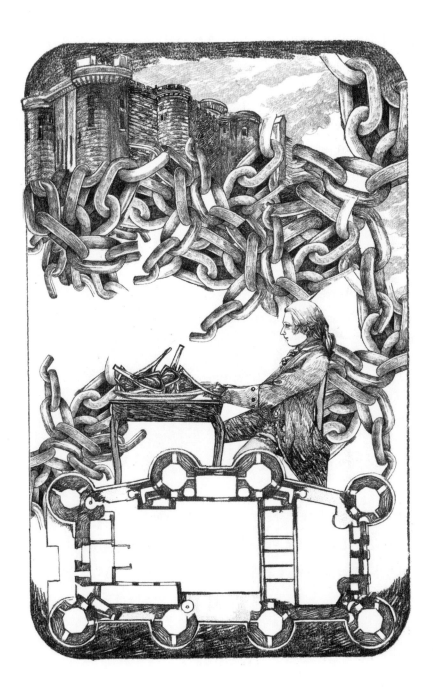

급식과는 거리가 멀었다. 이 메뉴를 통해 와인과 관련한 사실도 알게 됐다. 애피타이저에는 부르고뉴나 보르도 와인을, 로스트 요리에는 샹파뉴를 곁들였다. 사실 이는 좀 특별한 경우인데, 왜냐하면 일반적으로 샹파뉴는 굴이나 달콤한 음식에 잘 어울리기 때문이다. 마데이라나 토케 와인도 이례적이지는 않았다. 지위 고하를 막론하고 레이디핑거 비스킷을 마데이라 잔에 담가 적셔먹는 모습을 쉽게 상상할 수 있기 때문이다.

사드의 양갈비
Petites côtelettes sadiques

- 그린 아스파라거스 1단
- 버터
- 양갈비(프렌치 랙) 12대
- 누아용(Noyons) 올리브 타프나드
- 캄포트(Kampot) 후추
- 플뢰르 드 셀(소금)

아스파라거스는 밑동을 자른 뒤 버터에 소테(saute)한다. 양갈비는 센 불에 양면을 각각 1분간 익힌다. 미리 데워둔 접시에 양갈비 두 대와 타프나드 크넬, 아스파라거스 몇 줄기를 놓는다. 캄포트 후추와 플뢰르 드 셀로 간을 한다.

16 크로켓 먹는 여제
1784

영국의 조지 2세, 프랑스의 루이 15세, 프로이센의 국왕 프리드리히 2세, 오스트리아 합스부르크 공국의 여제 마리아 테레지아, 러시아의 캐서린 2세(예카테리나 여제). '계몽시대'라고 부르는 18세기 유럽에서는 결혼과 전투를 통해 왕관을 쓴 다섯 군주가 주인공이 돼 구대륙의 국경선을 그려나갔다. 하지만 그들의 식탁을 점령한 것은 대부분 프랑스 요리였다.

특히 여제의 식탁에서 두드러진 경향을 찾아볼 수 있다. 독일 공주 출신 예카테리나 여제의 식탁에는 정복의 횟수만큼 많은 종류의 음식이 올랐다. 그녀가 특별히 좋아했던 요리는 푹 익힌 소고기 찜이었고 이것은 짭짤한 오이, 말린 사슴 혀로 만든 소스와 함께 식탁에 올렸다고 전해진다. 이것은 그다지 정통적인 요리는 아니었다. 18세기는 소금보다는 설탕의 시대였기 때문이다. 러시아 전통 과일 젤리의 일종인 콜롬나 파스틸라(pastila de Kolomna)는 여황제가 특별히 좋아했던 간식이다.

우리는 예카테리나 여제가 그의 연인 포템킨 백작의 집에 초대됐을 때 '사르다나팔루스[1]의 폭탄(bombes à la Sardanapale)'이라는 요리를 대접받았다는 사실을 알게 됐다. 이것은 닭고기로 만든 크로켓의 일종으로 물론 프랑

---

1) Sardanapale : 사르다나팔루스. 고대 아시리아의 폭군(앗슈르바니팔의 그리스 명).

스인 요리사의 작품이었다. 요즘은 그라인더나 믹서를 이용해 재료를 잘게 자르거나 곱게 갈 수 있어서 소를 만들기가 아주 수월해졌다. 하지만 이런 도구가 없었던 18세기에는 고운 크로켓 소를 만들려면 끊임없이 다지고 체로 치는 작업을 해야 했다. 그 덕분에 여제는 이 음식을 거의 씹지 않고 우아하게 삼킬 수 있었다.

겨울 궁전의 닭고기 크로켓

Croquettes de volaille du palais d'Hiver

- 돼지 목구멍 살 100g
- 닭 가슴살 300g
- 이탈리안 파슬리 잎 80g
- 베이컨 50g
- 굳은 빵 1장(우유에 적신 것)
- 양의 골 1개
- 양송이 버섯 또는 뿔나팔 버섯 150g
- 달걀 1개
- 고운 소금
- 통후추 간 것
- 달걀노른자 푼 것 2개
- 굳은 호밀빵 또는 푸알란[1] 빵으로 만든 빵가루
- 식용유

---

1) Poilâne : 1930년대에 개업한 파리의 베이커리. 옛 방식 그대로 돌로 도정한 밀가루를 사용해 천연의 맛을 살린 전통빵을 만들고 있다. 호밀빵, 사워도우 등이 대표적이다.

돼지 목구멍 살, 닭 가슴살, 파슬리, 베이컨, 빵가루, 양의 골을 미리 팬에 볶은 뒤 그라인더(중간 크기 절삭망 장착)에 넣고 간다. 적당한 크기로 자른 버섯을 볶은 뒤 칼로 굵직하게 다진다. 갈아 놓은 소에 버섯을 넣고 섞는다. 달걀 한 개를 넣고 소금, 후추로 간 다음 하룻밤 휴지시킨다. 손으로 둥글게 뭉치거나 좀 더 세련된 모양을 만들려면 스푼을 이용해 크넬 모양으로 빚는다. 달걀노른자에 담가 골고루 묻힌 다음 빵가루에 굴린다. 팬에 기름을 넣고 크로켓을 넣은 뒤 낮은 온도(100℃)의 오븐에서 최대 8분 정도 익혀 너무 건조하지 않게 한다.

17 대통령의 아이스크림
1785

미국의 제3대 대통령 토머스 제퍼슨은 방대한 집필활동을 했다. 워싱턴의 미국 의회도서관에는 그의 문서 27,000여 점이 소장돼 있는데, 필사본 중에서 과일 타르트, 사부아 비스퀴, 바닐라 아이스크림 등 11개의 레시피를 찾아볼 수 있다.

오늘날 '바닐라 아이스크림'이라고 부르는 것은 당시에 달걀노른자에 설탕을 넣어 섞은 다음 생우유를 넣고 끓기 직전 온도가 될 때까지 계속해서 저으며 익혀서 만든 바닐라 소스에 크림을 조금 넣어 온도를 낮춤으로써 더 이상 익지 않도록 한 것이었다. 그런데 제퍼슨 대통령의 레시피는 우유를 넣지 않고 모두 크림(게다가 아마도 헤비크림)으로 대신한다는 점이 다르고, 사탕수수 설탕의 양도 훨씬 더 많다(오늘날 사용하는 양의 두 배에 달한다). 또 하나의 차이점은 아이스크림을 둥근 모양으로 담아낸 스쿱(scoop)인데 이는 훗날 많은 언론인의 관심을 끌었다. 당시 프랑스에는 이런 모양의 아이스크림이 없었다. 보통 아이스크림은 오이, 아스파라거스, 햄, 달걀 등의 모양으로 만들었기 때문이다. 햄 모양을 만들 때는 딸기로 핑크색을 만들고, 소르베나 아이스크림에 색을 낸 다음 틀에 넣어 형태를 완성했다. 틀에 채워 넣는 작업은 아주 정교한 기술로, 연어, 민물가재, 무화과가 담긴 쟁반, 심지어 멧돼지 머리까지도 재현했다. 이런 기술을 통해 당시 식탁 문화의 정교

함과 세련됨, 요리사의 실력, 나아가 시각적 완벽함을 추구하려 했던 열망
을 엿볼 수 있다. 그러나 토머스 제퍼슨은 프랑스 요리의 정교함, 기술, 열망
따위와는 거리가 멀었다. 얼마 지나지 않아 스쿱 형태의 아이스크림이 등장
했고, 산책로나 공원 등에서 아이스크림을 파는 상인들이 생기면서 19세기
부르주아 계층과 엘리트층은 아이스크림이 주는 행복을 만끽하게 됐다.

바닐라 아이스크림
Glace à la vanille

- 달걀노른자 6개
- 설탕 300g
- 헤비크림(이지니 Isigny 등 아티장 유제품을 선택한다) 500ml
- 통통한 바닐라 빈 1줄기

달걀노른자와 설탕을 흰색이 날 때까지 거품기로 1분간 저어 섞는다. 소스팬
에 크림을 넣고 가열한다. 데운 크림에 길게 갈라 긁은 바닐라 빈을 넣고 30분
간 향이 우러나오게 둔다. 바닐라 빈은 윤기 있고 통통한 것을 고르는 것이 좋
다. 바싹 말라 가늘어진 바닐라 빈은 맛이 진하지 않다. 질이 좋은 것은 잘 마르
지 않는다. 크림에 설탕, 달걀노른자 혼합물을 넣고 잘 저으며 다시 가열한다.
걸쭉해지면 끓기 바로 전에 불에서 내린다. 상온에서 2시간가량 식힌 후 아이
스크림 기계에 넣고 돌린다.

냉동실에서 꺼낸 아이스크림을 상온에 10분간 뒀다가 서빙한다. 아몬드 튀일
과 오렌지 블러섬 워터로 향을 낸 딸기를 얹고, 가늘게 썬 민트로 장식한다.

18 파리의 미국인
1786

　'벤저민 프랭클린' 하면 털모자와 목욕이 떠오른다. 그가 채식주의자, 그것도 아주 드문 정치적 채식주의였다는 사실은 세상에 널리 알려지지 않았다.

　자서전을 보면 벤저민 프랭클린은 일상에서뿐 아니라 정치에서도 덕행의 필요성을 강조하고, 이를 실천하는 것을 자랑스럽게 여겼다. 그에게 이런 생활규범은 음식 문제에서 보여준 금욕과 일맥상통한다. 그는 또한 채식주의 식습관을 중시한 것만큼이나 이와 관련된 이미지를 지우려고 애썼다.

　파리에 거주하던 시절 그는 사람들이 '전설적'이라고 말할 정도로 이런 원칙을 충실히 지켰다. 자신에 대해서도 철저했음은 두말할 필요도 없다. 안경을 감추지 않았고, 털로 만든 모자를 썼으며, 늘 갈색 옷을 입었다. 얼굴에는 언제나 미소가 서려 있었다. 당시 음식이 예술의 경지에 다다른 프랑스의 수도 파리에는 테이블 매너를 비롯한 미식 문화가 발달했고, 식사할 때 세브르 도자기와 고급 크리스털을 사용했다.

　프랭클린은 이와 정반대로 매 순간 검소와 절제로 일관했다. 그의 숙소에서 홀 매니저와 두 하인만이 그의 음식 시중을 들었다는 일화는 유명하다. 그의 동시대인 중 한 사람은 회고록에서 미국인이 심지어 손가락으로 음식을 집어 먹는다고 적어놓았다.

아스파라거스 요리처럼 만드는 방법이 간단할수록 재료 선택에 신중해야 한다. 프랭클린의 식사도 그랬다고 볼 수 있다. 음식과 그것을 먹는 매너에서 퇴폐한 구대륙에 맞선 신세계의 정신적·도덕적 우위를 믿었던 그의 노력을 엿볼 수 있다.

하지만 그의 성적 취향은 음식과 달리 매우 실리적이었다. 그는 늙은 연인이 젊은 애인보다 낫다고 거리낌 없이 고백했다. 살이 '더 부드럽고' 호의에 '감사할 줄 안다'는 것이다.

손가락으로 집어 먹는 아스파라거스
Asperges à manger avec les doigts

- 알자스산 화이트 아스파라거스 1단

홀랜다이즈 소스
- 왁스처리 하지 않은 레몬 1개
- 무염버터 200g
- 달걀(유기농 또는 레드 라벨*, 최소 60g짜리) 3개
- 소금
- 캄포트 후추

---

* Label Rouge : 레드 라벨. 프랑스 농업부가 정한 까다로운 요건을 충족한 식품에 부여하는 우수 식품 인증 마크.

아스파라거스는 껍질을 벗기고 밑동의 1/3은 잘라낸다. 다발로 묶은 뒤 끓는 소금물에 넣어 데친다. 칼끝으로 찔러 익은 정도를 확인한다.

홀랜다이즈 소스를 만든다. 레몬으로 즙을 짠다. 버터는 깍둑 썰어둔다. 밑이 둥근 볼에 찬물 2테이블스푼과 달걀노른자를 넣고 잘 풀어준다. 볼을 중탕으로 불에 올리고 거품기로 계속 저어 가벼운 크림 농도가 될 때까지 익힌다. 잘라 놓은 버터를 조금씩 넣어가며 잘 혼합한다. 소금, 후추로 간을 한 다음, 서빙 바로 전에 레몬즙을 넣는다. 미리 따뜻하게 데워둔 소스 용기에 담아낸다.

유용한 팁 : 소스를 미리 만들어 둔 다음 랩으로 덮어놓는다. 서빙 전에 랩을 제거한 뒤 중탕으로 데운다. 이렇게 하면 소스 표면이 굳어 막이 생기는 것을 방지할 수 있다. 이 방법은 크렘 파티시에나 가나슈를 만들 때도 적용할 수 있다.

19 도주의 끝, 바렌의 밤
1791

    프랑스 혁명은 1789년에 일어났다. 일 년 후, 튈르리궁에 사실상 유폐돼 있던 루이 16세의 입지가 더 좁아지자, 그의 추종자들은 탈출을 모의하기 시작했다. 하지만 1791년 4월 2일 미라보의 죽음과 4월 18일 폭동으로 왕은 항복할 수밖에 없었다. 벼랑 끝에 몰린 루이 16세는 부이예 장군과 몽메디에서 합류하기로 했다. 왕실 일가는 러시아 대령의 아내였던 코르프 남작부인의 수행원으로 변장하고 도주를 감행한 것이다. 왕은 남작부인의 집사 뒤랑으로 행세했다. 도주 경로는 이미 정해졌다. 일행을 태운 베를린형 대형 4륜 마차는 샬롱 쉬르 마른으로 떠나 퐁 드 솜 벨에서 경기병 부대와 합류해 생트 므누까지 경호를 받는다. 거기서 로얄 드래곤으로 호위대가 교체되고, 클레르몽 앙 아르곤에서부터 드라공 드 무슈 호위대가 바렌까지, 다시 새로운 경기병 부대가 몽메디까지 인도하는 것으로 계획을 짰다.

    물론 모든 일이 계획대로 되지는 않았다. 왕은 노란 레몬 색 바퀴가 달린 묵직한 녹색 4륜 마차를 타고 가면서 노닥거리기도 했고, 중간에 쉬면서 피크닉을 즐기기도 했다. 때는 앙시앵 레짐 시대였고, 신, 왕, 국가는 영속할 것만 같았다. 하지만 바스티유 감옥이 함락되고 혁명은 광폭으로 치닫고 있었다.

    6월 20일 밤, 왕의 피신 작전은 바렌에서 끝났다. 생트 므누의 용기병 대장이었던 장 바티스트 드루에[1]가 라파예트 장군의 부대를 이끌고 왕실 일당을 체포하는 데 결정적 역할을 했다. 왕의 피신 작전을 처음 계획대로 실행에 옮기지 못했던 슈아죌 공작의 책임이 왕가의 식탐보다 더 치명적이었다고 볼 수 있지만, 전해지는 말에 따르면 왕은 생트 므누를 지나면서 그 지방의 특산물을 맛보기 위해 시간을 지체했던 것으로 알려졌다. 그 음식은 오랜 시간 익혀 혀에서 녹을 정도로 부드러운 족발 요리였다. 카미유 데물랭[2]이 공개한 이 일화는 그냥 묻히기에 너무도 놀라웠다.

생트 므누식 돼지 족발
Pieds de porc à la Sainte-Menehould

- 깨끗이 씻은 돼지 족 6개
- 굵은 소금 500g
- 당근 2개
- 샬롯 2개
- 양파 1개
- 마늘 2톨
- 부케가르니 1개
- 화이트와인 200ml
- 정향 2개
- 고운 소금

1) Jean-Baptiste Drouet(1763~1824) : 프랑스의 정치인, 군인 혁명가. 생트 므누의 용기병 대장.

2) Camille Desmoulins(1760~1794) : 프랑스 혁명파 저널리스트. 조르주 당통과 가까운 동료였던 그는 반혁명파에 대한 관용을 주장하다 공포정치의 칼날 속에서 처형당했다.

- 후추
- 달걀 2개
- 빵가루 350g
- 버터 100g

돼지 족에 굵은 소금을 뿌려 덮은 뒤 상온에서 하룻밤 재워둔다.

당근, 샬롯, 양파는 껍질을 벗기고 가늘게 채 썬다. 마늘은 으깨 놓는다. 돼지 족을 고운 면포나 깨끗한 행주로 하나씩 감싼 다음 주방용 실로 단단히 묶는다. 냄비에 찬물을 붓고 양파, 샬롯, 당근, 으깬 마늘, 부케가르니, 그리고 돼지 족, 화이트와인, 정향, 소금, 후추를 넣은 다음 약한 불에서 4시간 동안 뭉근히 끓인다. 돼지 족을 건져 식힌다.

면포를 벗긴 뒤 길이로 이등분한다. 접시에 달걀을 푼다. 또 다른 접시에는 빵가루를 준비한다. 팬을 센 불에 올리고 버터를 녹인다. 돼지 족에 달걀과 빵가루를 묻혀 팬에 튀기듯이 지진다. 먹음직스러운 갈색이 날 때까지 지진 후 아주 뜨거운 상태로 서빙한다.

20 나폴레옹과 치킨
1800

나폴레옹은 군인이었다. 그는 음식을 빨리 먹었는데, 전투 중에는 누구나 그럴 수밖에 없다. 그가 좋아하는 음식은 무엇이었을까? 그가 매우 아꼈던 여동생 폴린 보나파르트는 오빠가 로스트 치킨, 치킨 소테, 주로 샴페인으로 디글레이즈한 닭볶음, 닭고기 살 크넬, 볼로방 페이스트리 파이, 밀라노식 마카로니 그라탱을 특별히 좋아했다고 한다.

황제로 즉위한 나폴레옹의 일상은 어땠을까? 사람들은 나폴레옹의 다음과 같은 말을 인용하곤 한다. "잘 먹고 싶을 때는 캉바세레스[1] 집에서 먹고, 못 먹으려면 르브룅[2] 집에 가면 된다. 빨리 먹고 싶으면 우리 집으로 오시라."

몇몇 그림을 자세히 살펴보면 나폴레옹이 평상시에 무엇을 먹었는지 대략 알 수 있고, 그것이 부르봉 왕조 때와 어떻게 달랐는지도 알 수 있다. 1812년 화가 알렉상드르 망조는 나폴레옹과 마리 루이즈 왕비 그리고 그의 아들인 로마 왕 나폴레옹 2세가 함께 점심 식사하는 모습을 화폭에 담았다.

---

1) Jean-Jacques-Régis de Cambacérès(1753~1824) : 몽펠리에 출신의 정치가, 프랑스의 대서기관. 미식가로 유명하다.

2) Jean-François Lebrun : 정치가, 프랑스 공화국 제3집정관.

Alexandre Menjaud, Napoleon I, Marie Louise and the King of Rome, 1812.

Jean-Louis Duci, L'empereur Napoléon I sur la terrasse du château de Saint-Cloud entouré des enfants de sa famille,1810.

나폴레옹이 자상하게 아들을 팔에 안고 있는 모습이다. 이 그림을 통해 알 수 있는 것은 그가 아들과 함께, 빵과 와인을 곁들여 식사하기를 좋아한다는 것이다. 하지만 이런 일이 자주 있었던 것은 아니다. 또 다른 화가 루이 뒤시가 2년 앞서 그린 작품인 「생 클루 성의 테라스에서 친척 아이들에게 둘러싸인 나폴레옹 황제 1세(L'Empereur Napoléon Ier sur la terrassse du château de Saint-Cloud entouré des enfants de sa famille)」에는 오붓한 가족 식사 느낌이 덜하다. 이 그림에서 나폴레옹은 조카인 네덜란드와 나폴리 공국의 왕자와 공주들에게 둘러싸여 있고, 뒤에는 음식을 테이블로 나르는 하인들이 보인다. 이 그림의 감상자는 황제가 날이 좋을 때면 테라스에서 식사했다는 사실 이외에 별다른 정보를 얻을 수 없을 것이다.

그렇다면 그는 어떤 음식을 선호했을까? 식사를 담당했던 부서에 전달된 지침서를 보면 주방에서는 포타주, 세 가지 앙트레, 두 가지 앙트르메를 준비해야 했다. 주방에 딸린 식탁 준비실에서는 디저트와 커피, 두 가지 빵을 맡았다. 여기에 와인 저장고 담당관이 샹베르탱 와인 한 병을 내가면 식사는 완벽했다. 황제는 어디서 식사했을까? 튈르리궁에 있던 조세핀 황후(시누이들은 뒤에서 '늙은이'라는 별명으로 불렀다)의 거처에는 식당이 딸려 있었다. 생클루성에도 식당이 있었지만 이 성은 황제 부처의 거처는 아니었다.

나폴레옹은 또 다른 특징이 있었는데, 그는 끼니 때 갑자기 사람들을 초대해 식사하기를 즐겼다. 이때는 그저 있는 재료로 준비해 먹는 수밖에 없었다. 그래서 언제나 한 종류의 포타주, 두 가지 를르베, 콜드 컷, 네 가지 앙트레, 두 가지 로스트 요리, 네 가지 앙트르메가 항상 준비돼 있어야 했다. 또한 주방에 딸린 식탁 준비실에서는 그들 나름대로 네 종류의 오르되브르, 두 종류의 샐러드, 18가지 디저트, 6가지 커피, 6가지 빵을 구비해야 했다. 와인 담당은 언제나 샹베르탱 6병을 준비해뒀다. 황제가 좋아한 와인이 어떤 것이었는지 확실히 알 수 있는 대목이다.

　나폴레옹은 프랑스 왕들의 공식 연회 만찬에 관해 깊이 생각하거나 그것을 복원하려고 애쓰지 않았던 것 같다. 물론 연회가 열리기는 했지만 오로지 몇몇 관료나 초대된 손님만이 참석하는 정도의 작은 규모였다. 황제는 은폐된 생활을 했고, 후일 세인트헬레나로 유배될 때 이 점을 몹시 후회했다고 한다.

　사실 나폴레옹의 이미지는 전투 중에 일어난 수많은 사건 중 하나의 일화를 바탕으로 만들어졌는데, 이 일화에 마렝고 치킨(poulet Marengo)이 등장한다. 그 정확한 기원은 불분명하다. 프랑스 혁명력 8년 목월(牧月) 25일, 제1집정관 보나파르트 나폴레옹은 피에몬테에서 오스트리아 군대에 맞서 전투가 시작될 순간을 기다린다. 그는 배가 고팠고, 요리사에게 남은 재료는 닭 두 마리뿐이었다. 나폴레옹의 전설적 일화는 바로 이 닭으로 만든 요리에 관한 것이다. 요리사는 닭을 토막 내 올리브 오일에 지지고 나서 제철 채소, 토마토와 화이트와인을 넣고 뭉근히 끓인다. 생닭을 잘라 지져 노릇하게 익혔으므로 얼핏 로스트 치킨처럼 보이는 것을 냄비에 넣고 자작하게 끓여 익히는 것이다. 독특한 조리법이다. 이런 일화가 없었다면 마렝고 치킨은 토스카나식 치킨 카차토레(pollo alla cacciatora)나 로마에서 흔히 먹는 치킨 디아볼라(pollo alla diavola)와 비슷한 것으로 여겨졌을 것이다. 이 두 가지 요리에 사용되는 재료와 조리법은 마렝고 치킨과 거의 같다. 그랑 콩데에 이어 나폴레옹의 요리사였던 뒤낭은 이 일화와 레시피의 주인공이 자기라고 주장했는데, 역사학자가 문헌을 조사해보니 이 요리사는 그 전투가 시작되던 무렵에 현장에 있지 않았다는 사실이 밝혀졌다.

마렝고 치킨

Le poulet Marengo

- 닭(1.8kg짜리) 1마리
  (상점에서 토막 내온다. 가슴살은 몸통뼈에 붙은 채로 준비한다)
- 식용유
- 마늘 으깬 것 1톨
- 드라이 화이트와인 250ml
- 토마토 퓌레 250ml
- 로즈마리 1줄기

냄비에 기름을 넣고 달군 뒤 마늘을 넣고, 노릇한 색이 나도록 닭을 골고루 지져낸다. 화이트와인을 넣고 디글레이즈한 다음 소스가 반이 될 때까지 졸인다. 토마토 퓌레를 넣고 뚜껑을 닫은 후 25분간 약불에서 익힌다. 마지막 5분을 남긴 상태에서 로즈마리를 넣어준다.

유용한 팁 : 이 닭요리는 이탈리아식으로 먹는다. 즉 탄수화물을 곁들이는 대신 구운 가지나 살캉한 식감이 살아 있도록 살짝 볶은 버섯과 함께 서빙한다.

21 오데옹 대무도회
1816

    나폴레옹은 세상에서 멀리 떨어진 세인트헬레나섬에 유배됐고, 프랑스인들은 부르봉 왕조를 되찾았으며 승리를 기념하는 연회는 계속됐다. 당시 요리사들을 대표하는 인물은 바로 앙토넹 카렘[1]이었다. 그는 당시 정권의 우두머리인 샤를 모리스 드 탈레랑 페리고르[2]의 요리를 담당했다. 또한 나폴레옹의 패배 이후, 샹파뉴 지방 평원에서 열린 유럽 왕실 대표들의 오찬을 총괄하기도 했다.

    1816년 2월 21일, 왕실 근위대는 부르봉 왕조의 복귀를 축하하는 무도회를 개최했다. 3,000명이 참가해 프티 뤽상부르성의 정원에서부터 보지라르가를 거쳐 오데옹 극장까지 이어지는 기나긴 연회 행렬을 상상해보라. 무도회장은 9단 스탠드 좌석으로 이뤄져 있었다. 앙토넹 카렘은『프랑스의 총주방장(Maître d'hôtel français)』에서 환상적이었던 이날 저녁 파티의 추억을 더듬는다. "오데옹 연회장은 눈부시도록 아름다웠다. 수많은 촛불이

---

1) Antonin Carême(1784~1833, Marie Antoine Carême) : 프랑스의 파티시에, 요리사. '셰프의 왕이자 왕들의 셰프'로 불렸던 그는 프랑스의 왕족과 신흥 부르주아층을 위한 오트 퀴진을 발전시켰으며, 최초로 국제적 명성을 얻은 셰프였다.

2) Charles-Maurice de Talleyrand-Périgord(1754~1838) : 프랑스의 정치가, 외교관, 로마 가톨릭교회 성직자이다. 보통 탈레랑으로 불린다. 나폴레옹을 정계에 등장시키고 외무 장관을 지냈으며 영국 주재 대사가 돼 개신교 국가였던 네덜란드로부터 벨기에의 독립을 도왔다.

찬란히 빛났고, 금과 은, 그리고 거대한 화환으로 장식된 극장 귀빈석 기둥도 화려했다. 메인 발코니석은 당시 왕실 가족이 차지했고, 가장 좋은 로얄석 발코니에는 궁정 여인, 공작 등 귀족, 상원과 하원 의원, 장관, 외교관, 사령관 등 고위 인사들로 가득했다."

이날의 하이라이트는 식사 메뉴다. 연회에 참석한 하객 3,000명은 1,500개 접시에 담겨 나온 10가지 포타주, 포르투갈식 돼지 뒷다리 햄, 칠면조 갈랑틴(galantine, 주로 흰 살 육류나 가금류에 다진 소를 섞어 익힌 다음 젤리화한 찬 음식) 등 90가지에 달하는 육류, 즐레 소스의 새끼 자고새 살미를 포함해 최소 8가지로 준비된 약 200개의 찬 앙트레, 90종의 대형 파티스리(찬 수렵육 파테, 설탕으로 만든 누가 등), 라드를 두른 메추리 25마리, 렌식 로스트 치킨, 새끼 자고새 등을 포함한 250가지 로스트 등 실로 엄청난 규모였다. 이처럼 많은 새로운 요리의 향연에서, 또한 이처럼 대담한 건축물을 무대로 열린 연회에서, 카렘은 자신이 요리사임을 잊지 않았고, 그에 어울리는 훌륭한 맛을 선보이는 것이 가장 중요한 일이라고 생각했다. 그는 맛에 대해 말하면서 자신의 과제는 요리를 통해 궁극의 풍미를 선사하는 것, 즉 오스마좀(osmazôme)을 최대한 끌어내는 것이라고 정의했다.

그가 강조한 이 '오스마좀'이라는 말은 각 요리에서 끌어내야 하는 궁극의 정수를 뜻한다. 이는 오늘날 대부분 유명 셰프들로 하여금 더 연구하고 생각하게 하는 동기이자 목적이 됐다. 즉 분자 요리로 놀라운 반향을 일으킨 스페인의 페란 아드리아, 프랑스의 조엘 로부숑 같은 요리사들이 액화 질소를 사용한 머랭 조리법 등을 정립하는 원동력이 됐던 것이다.

앙투안 카렘은 개혁적인 요리사들이 오늘날에 와서야 주장하는 것들을 이미 오래전에 처음으로 추구했던 선구자일까?

차가운 소고기 테린

Le boeuf en gelée

- 소 부채살 500g
- 소 사태 500g
- 송아지 족 1/2개
- 정향 1개를 박은 양파 1개
- 통후추 5알
- 부케가르니 1개
- 마늘 2톨
- 당근 2개
- 순무 1개
- 리크(서양대파) 흰 부분 2대
- 셀러리 1줄기
- 소금
- 후추

고기와 송아지 족, 정향을 박은 양파, 통후추, 부케가르니, 마늘을 모두 냄비에 넣고 물을 부어 끓인다. 거품을 꼼꼼히 제거한다. 깨끗이 씻은 채소 재료를 넣고 간을 한 다음, 약한 불로 2시간 30분간 끓인다. 고기를 건져내고, 송아지 족은 뼈를 발라낸 후 모두 약 1cm 두께로 썬다. 당근, 셀러리, 리크, 순무를 건져 토막으로 자른다. 국물은 고운 체에 거르고 표면에 뜬 기름을 제거한다. 간을 맞춘 후 따뜻할 정도로 식힌다. 테린 용기에 국물을 1cm 높이까지 붓고, 당근, 순무와 송아지 족을 몇 조각 놓는다. 냉장고에 넣어 굳힌다. 소고기와 송아지 족, 당근, 순무, 리크, 셀러리를 골고루 얹어 마무리한 후 나머지 육수를 붓는다. 냉장고에 최소 12시간 이상 넣어 굳힌다. 테린 틀에서 분리한 뒤 잘 드는 칼로 잘라 서빙한다.

22 오를레앙의 사촌들이 호화로운 삶을 누릴 때
1830

　루이 14세가 대부였던 오를레앙 가문의 루이 필리프는 왕좌에 올랐으나 새로운 음식을 거의 맛보지 못했다. '프랑스인들의 국왕'이라고 불린 루이 필리프 1세(Louis-Philippe d'Orléans, 그는 루이 16세에 이어 두 번째로 프랑스인들의 왕이라고 불렸다)는 놀라운 인물이었다. 총재 정부 시절과 프랑스 제1제정 시절 미국에서 오랜 유배 생활을 하는 동안 그는 속된 말로 '스스로 먹고살아야' 했다. 보스턴에서는 프랑스어 강습을 했고, 달걀 조리 방법도 스스로 익혔을지 모른다.

　그가 간단하면서도 놀라운 맛이 있는 스크램블드 에그를 맛봤던 것도 미국에서였을 것이다. 앵글로색슨 요리에는 스크램블드 에그, 에그 프라이 그리고 베이컨, 허브, 버섯 등을 넣어 만든 오믈렛 등 다양한 달걀 조리법이 있다.

송로버섯을 넣은 스크램블드 에그

Les oeufs brouillés à la truffe

- 자연방사 달걀 4개
- 생크림 100ml
- 버터
- 생 송로버섯 20g

달걀을 대충 풀어 섞은 뒤 생크림을 넣는다. 팬을 달구고 버터를 녹인 뒤 달걀, 생크림 혼합물을 붓는다. 조심스럽게 섞는다. 오믈렛이 반 정도 익었을 때 얇게 썬 송로버섯을 넣어준다. 생 버섯의 식감과 달걀의 조합이 매우 훌륭하다.

23 틸르리궁의 수탉
1860

빅토르 위고는 자신의 책 『나폴레옹 르 프티(*Napoléon le Petit*)』(1852)에서 나폴레옹 3세를 비난해도 소용없다고 했다. 황제 나폴레옹 1세의 조카인 샤를 루이 나폴레옹 보나파르트(Charles Louis Napoléon Bonaparte, 나폴레옹 3세)는 6월의 불행한 날들(1848년 6월 민중 봉기)로부터 8년 뒤에 황제의 자리에 오른다. 틸르리궁에 정착한 나폴레옹 3세는 호화로운 연회를 아무렇지 않게 즐겼다(과거 루이 16세는 이 궁에서 황급히 도주하다가 잡혀서 파리의 오래된 요새인 탕플 탑 감옥에 갇혔던 적이 있다).

1862년 11월 12일, 그의 요리사는 가벼운 저녁식사를 준비한다. 메뉴는 닭 콩소메 루아얄, 영국식 거북이 포타주, 수비즈 소스의 양 등심, 토끼 고기 무스와 송아지 넓적다리 살 파르망티에를 곁들인 소 안심, 젤리처럼 굳힌 갈랑틴, 구운 새끼 자고새 스튜, 푸아브라드 소스의 소고기 안심, 뇌조 요리, 버터와 파슬리를 넣고 익힌 플라젤렛 강낭콩 요리, 크림 돼지감자, 파인애플 빵, 커피 파르페, 프티 콩데 등으로 구성됐다.

이런 아주 고전적인 메뉴가 초대하는 미각 여행의 배경에는 '쥘 구페(Jules Gouffé)'라는 요리사가 있었다. 요리의 거장 앙토넹 카렘 곁에서 일하

면서 요리사의 길을 걷기 시작한 그는 피에스 몽테[1]를 만드는 데 특별히 두각을 나타냈다. 카렘과 마찬가지로 그는 조리법을 기록하고 그의 기술을 전수했다. 그의 요리책에 수록된 수많은 도판은 맛뿐 아니라 색감을 강조한 것들로 가득하다. 그가 제시하는 메뉴는 자칫 간단해 보일 수도 있지만 갈랑틴이나 로스트 치킨, 특히 요리를 장식하는 뇌조의 깃털 같은 것들의 시각적 효과를 상상해보면 이 요리책의 저자가 우리에게 보여주고자 했던, 식사에 제공된 다채로운 색의 팔레트가 어땠는지 가늠할 수 있다.

나폴레옹 3세를 위한 뇌조 요리
Coq de bruyère pour Napoléon le Petit

- 뇌조 1마리
- 소금
- 후추
- 월계수 잎
- 양파
- 샬롯
- 버터

뇌조의 몸통 안에 소금과 후추로 간을 한 뒤 날개와 다리를 실로 묶는다. 꽁무니 쪽으로 월계수 잎, 양파와 샬롯을 집어넣는다. 로스팅용 꼬챙이를 꿴 다음

---

1) pièce montée : 높이 쌓아올린 대형 과자를 뜻하며 주로 연회의 장식용으로 많이 사용됐다. 대표적인 크로캉부슈(croquembouche)는 크림을 채운 슈에 캐러멜을 묻힌 뒤 큰 원뿔 모양으로 높이 쌓아올린 것으로 결혼식이나 세례식 등의 파티에 주로 사용된다.

버터를 바르고 일반 전기 오븐 180℃에서 1시간 15분간 굽는다. 밑에 받쳐 둔 팬에 떨어져 눌어붙은 육즙은 물을 부어 디글레이즈한 뒤 간을 맞춘다.

응용 : 뱅 존을 넣고 조리하는 방법도 있다. 뇌조를 네 등분으로 잘라 소금과 후추로 밑간을 한다. 버터를 달군 팬에 지져 노릇하게 색을 낸 다음, 모렐 버섯과 뱅 존 250ml를 넣어준다. 뚜껑을 덮고 30~40분간 익힌 다음 마지막에 생크림을 넣는다. 간을 맞춘다.

24 공주들도 먹는다
1865

1865년 1월 19일은 목요일이었다. 오스트리아 제국 빈의 황궁에서는 프란츠 요제프 1세와 엘리자베트 황후를 위한 현실적인 메뉴가 제공됐다. 프랑스어로 된 메뉴판에는 포타주와 갈랑틴이 의례적으로 올라 있었고, 닭(거세한 수탉인 샤퐁과 꼬챙이에 끼워 로스트한 영계 암탉)과 소고기가 있었다. 선별한 와인이 샤토 라피트 드 모젤과 샹파뉴 크레망 로제였던 것을 보면 주방에서도 당시의 재정적 압박을 느꼈음을 알 수 있다.

그러나 식사에 참석한 이들은 그런 질문을 던질 여유가 없었다. 황궁을 방문한 사람은 모두 식사 전에 황후가 사용하는 체조용 링을 경외에 찬 시선으로 감상했다. 황후는 몸매 유지를 위해 새 모이 먹듯 음식을 깨작거리거나 혹은 이로 씹은 음식을 다시 뱉기도 했다. 몹시 시장한 방문객들은 자헤르 호텔로 몰려갔다.

메뉴 중에는 도피네식 팬케이크도 눈에 띄는데, 이 프랑스 음식은 앙토넹 카렘이 1815년 8월 3일 러시아 황제 알렉산드르 1세에게 만들어 대접한 바 있었다. 최초의 레시피에서 카렘은 체에 친 밀가루 2온스(1온스는 약 28g), 설탕 4온스, 마카롱 과자 4개와 오렌지 블러섬 한 자밤을 넣는다. 여기에 더블 크림 2컵을 넣어 섞고, 달걀노른자 10개를 넣는다. 이렇게 만든 것은 오스트리아에서 많이 먹는 카이저슈마렌(Kaiserschmarrn) 반죽과 같다. '황제의 디저트'라고 불리는 카이저슈마렌은 정육면체 모양으로 잘라 낸 일종의 팬케이크로 슈거파우더를 뿌려 뜨거운 상태로 먹는다. 서양 자두의 일종인 크베치(quetsche) 잼을 곁들여 먹는다. 반죽에 들어간 달걀노른자 숫자에 따라 결과가 달라지는 이 디저트는 신선한 달걀을 사용한다면 그 맛은 틀림없다.

팬케이크
Pannequets à faire sauter

- 설탕 160g
- 달걀노른자 10개
- 밀가루 75g
- 마카롱 과자를 부수어 체에 친 것(또는 렝스의 핑크 비스퀴 가루)
- 오렌지 블러섬 워터 1테이블스푼
- 버터

설탕과 달걀노른자를 혼합한다. 밀가루와 체에 친 마카롱 가루를 넣고 섞은 후 오렌지 블러섬 워터를 넣는다. 반죽을 최소 2시간 동안 휴지시킨다. 버터를 녹인 팬에 작은 국자로 반죽을 떠 넣는다. 노릇하게 익으면 한 손으로 팬을 움직여 팬케이크를 뒤집는다. 전통적으로 크레프를 만들 때처럼, 다른 한 손에는 금화 한 개를 들고 팬을 뒤집을 때 같이 던져 뒤집는다.

오귀스트 에스코피에

요리의 역사는 발견, 혁신, 기념비적 사건들이 쌓여가며 이뤄진다. 고대부터 그 명성이 이어진 유일한 요리사로는 마르쿠스 가비우스 아피키우스가 있지만, 중세 말 이래 몇몇 위대한 요리사는 자신의 시대를 빛냈을 뿐 아니라 후대 요리사들에게도 영향을 끼쳤다. 이 책은 타유방[1]에서 바르톨로메오 스카피[2]를 거쳐 앙토넹 카렘에 이르기까지 그들의 대부분을 소개하고 있다. 그러나 이들 중 누구도 소박한 프로방스 요리사에 불과했던 오귀스트 에스코피에만큼 큰 영향을 끼치지는 못했다. 13세 때 삼촌 식당에서 수습생으로 일을 시작한 에스코피에는 17세 때 세르클 마세나의 셰프가 된다. 이어 셰 필립으로 자리를 옮겨 자신의 풍요로운 미래를 약속해준 메뉴 중 하나인 서양 배 디저트 푸아르 벨 엘렌(poire Belle-Hélène)을 만들었다. 이것은 같은 해에 탄생한 자크 오펜바흐의 오페레타 「라 벨 엘렌(아름다운 엘렌)」의 제목을 따서 이름을 지은 디저트다.

요리에 관한 그의 재능은 일찍이 나타났다. 그는 요리사에 길이 남을

---

1) Guillaume Tirel(1310~1395, 일명 Taillevent) 프랑스의 요리사. 중세를 대표하는 요리책인 『르 비앙디에(Le Viandier)』를 집필했다.
2) Bartolomeo Scappi(1500~1577) : 르네상스 시대의 유명한 이탈리아 요리사. 대주교 로렌초 캄페지오를 비롯한 대주교의 요리를 담당했으며, 교황 비오 4세부터 바티칸 궁정의 요리사로 활동했다.

새로운 메뉴를 개발했다. 물론 에스코피에만이 이런 메뉴를 후대에 남긴 것은 아니다. 트루아그로 형제[3]의 소렐 소스 연어나 앙드레 다갱[4]의 그린 페퍼 소스 오리 가슴살 요리 같은 것도 있다. 하지만 에스코피에는 대표 메뉴를 여럿 남겼을 뿐 아니라 메뉴 이름을 신비스러우면서도 기억하기 쉬운 것으로 정하는 등 소통 능력까지 갖췄다는 점에서 의미가 깊다.

이미 18세의 나이에 두각을 나타낸 오귀스트 에스코피에는 거기서 멈추지 않고 성장을 계속했다. 19세기 후반은 유럽 경제의 비약적 발전과 실증주의 사고로 특징지어지는 시기였다. 이런 환경에서 에스코피에를 필두로 미식 문화도 꽃을 피우게 됐다.

30대에 접어든 그는 파리와 칸의 여러 식당에서 셰프로 활동하다가 1884년부터는 루체른의 르 그랑 나시오날과 모나코의 르 그랑 호텔의 주방을 맡았다. 그는 레스토랑에서 손님들에게 내는 요리를 언제나 일관된 수준으로 유지하고, 준비 시간을 효율적으로 관리하기 위해 주방에서 각각의 역할을 체계적으로 분배한 브리가드(brigade) 시스템을 창시했다.

르 그랑 호텔의 주방을 총지휘한 그는 호텔 소유주인 세자르 리츠(César Ritz)와 친밀한 관계를 형성했고, 급기야 1890년 리츠 사장은 그를 런던 사보이 호텔의 총주방장으로 임명했다. 그곳에서도 에스코피에는 주방을 합리적이고 체계적으로 조직화하는 작업을 계속했다. 그는 최초로 주방에서 흡연을 금지했고, 조리 중 발생하는 낭비를 최소화하는 방법을 모

---

3) Les Frères Troisgros(Pierre et Jean) : 로안(Roanne)의 레스토랑 메종 트루아그로의 셰프. 새콤한 맛의 수영을 넣은 크림소스 연어요리(saumon à l'oseille)로 큰 인기를 끌었으며 1968년 미슐랭 가이드 별 셋을 획득했다.
4) André Daguin : 오텔 드 프랑스(Hôtel de France, Auch 미슐랭 별 두 개)의 전 셰프. 오리 가슴살 요리(magret de canard au poivre vert)로 명성을 얻었다.

색했다. 이를 실천하기 위해 일정한 가격에 코스 요리를 제공하는 프리 픽스(prix fixe) 세트 메뉴를 고안해서 처음에는 모든 손님이 똑같은 메뉴를 주문하게 했다. 이렇게 해서 재료 준비와 수급을 더욱 효율적으로 운용할 수 있게 됐다.

특히 그는 요리의 기본 원리 연구에 열정을 기울였다. 요리 원리를 꼼꼼히 분석하고 체계화해 주방에서의 작업이 더 빠르고 효율적으로 이뤄져 생산성을 극대화하는 데 기여했다. 실제로 에스코피에의 업적은 단순히 주방 합리화에 그치지 않는다. 요리에 관한 자신의 지식과 노하우를 다른 요리사들뿐 아니라 일반 가정에서 요리하는 이들에게도 전수하고자 끊임없이 노력했다. 제1차 세계대전이 끝나고 식량이 귀하던 시절 그는『쌀, 최고의 영양 식품(Le Riz, l'aliment le meilleur et le plus nutritif)』과『싸게 살기: 염장대구(La Vie à bon marché : la morue)』등 저서를 집필해 서민층이 많은 돈을 들이지 않고도 맛있고 영양가 있는 음식을 만들어 먹을 수 있게 했다.

그러나 그가 남긴 가장 위대한 책은 역시 1902년에 펴낸『요리 안내서(Le Guide culinaire)』이다. 이 책은 에스코피에 생전에 1907년, 1912년, 1921년, 세 번에 걸쳐 재출간됐다.

이 기념비적인 대작은 오늘날 우리가 알고 있는 일반적 의미의 요리책과 달리 방대한 조리법을 분류하고 자세히 분석하고 설명해서 기본 레시피를 바탕으로 스스로 조합하고 응용할 수 있게 구성한 책이다. 이처럼 그는 근대와 현대 요리의 기초를 확립했고, 오늘날까지도, 의식적이든 아니든, 모든 요리사들의 중요한 영감의 원천으로 남게 됐다.

25 세 명의 황제와 한 마리의 오리
1867

트라팔가 해전과 워털루 전투 이후 프랑스와 대영제국의 라이벌 관계는 단지 군사력뿐 아니라 산업 발전과 식민지 확보에까지 그 범위가 확대됐다.

1798년 이후 프랑스에서는 자국의 산업 생산품들을 선보이는 파리 박람회를 개최했다. 영국은 1851년 최초의 만국박람회를 런던에서 개최하면서 이에 응수했다. 양국의 경쟁은 4반세기 동안 그 규모면에서 점점 치열해졌을 뿐 아니라, 다른 주변 국가들도 이에 합세했다. 특히 두 나라의 경쟁은 런던의 크리스털 궁전이나 파리의 에펠탑, 기타 전설적인 기념 건축 등 특별한 자취를 남기기도 했다.

1867년 6월 7일, 제2회 파리 만국박람회가 성대하게 개최됐고, 전 세계 국가 지도자들이 모였다. 프러시아의 왕 프레데릭 기욤은 이 행사를 기회로 러시아와의 관계를 강화하고자 알렉산더 2세와 훗날 알렉산더 3세가 되는 차레비치(tsarévitch)를 초청해 파리의 카페 앙글레에서 함께 만찬을 했다. 참석자 중에는 오토 본 비스마르크 백작도 있었다. 세 황제(비록 두 사람은 한참 뒤에야 왕위에 올랐지만)의 만찬으로 알려진 이 저녁식사는 참석한 인물의 중요도만큼이나 그 장소도 화려하고 격식 있었다.

당시는 파리 시내 이탈리안 대로에 있는 식당 카페 앙글레가 최고의 명성을 자랑하던 때이기도 했다. 아돌프 뒤글레레(Adolphe Dugléré)가 주방을 맡은 뒤 이 식당은 파리에서뿐 아니라, 전 유럽에서, 심지어 서양 전체를 통틀어 가장 인기 있는 명소가 됐다. 셰프 뒤글레레는 포타주 제르미니[1], 폼 안나[2] 등의 메뉴를 개발했고, 발자크의 소설 『잃어버린 환상(Illusions perdues)』 이나 플로베르의 『감정 교육(Éducation sentimentale)』, 프루스트의 『잃어버린 시간을 찾아서(À la recherche du temps perdu)』 등 명작에 뒤지지 않는 평판을 얻으며 완벽에 가까운 전통 요리로 명성을 쌓았다.

이처럼 큰 인기를 얻은 뒤글레레 셰프의 수많은 요리 중에는 수플레 아 라 렌, 대문짝 넙치 그라탱, 양 등심 요리, 파리식 랍스터 요리, 샴페인 소르베, 멧새 요리, 봉브 글라세(bombe glacée, 반구형 아이스크림 케이크) 등이 있으며, 특히 루앙의 쿠롱 여관에서 처음 선보이고 나서 파리의 식탁을 점령하고 프랑스 레스토랑의 상징적 요리가 된 루앙식 오리 요리는 그의 대표 메뉴로 꼽을 수 있다.

이는 다이닝 홀에서 직접 선보이는 메트르 도텔(maître d'hôtel, 홀의 서빙을 총괄하는 매니저)의 섬세한 서빙이 돋보이는 세련된 요리이다. 그는 손님의 테이블 앞에서 요리를 마무리하고 능숙한 매너로 소스를 완성해 서빙해야 한다.

와인 또한 요리의 수준에 걸맞게 준비된다. 연령 20년 이하의 와인은 찾아볼 수 없고, 마데이라와 셰리뿐 아니라 흔히 19세기에 생산된 최고의 레드 와인으로 평가받는 샤토 라피트(château-Lafite)를 위시한 최상급 보르도 와인, 최고의 빈티지인 1847년산 샤토 디켐(château d'Yquem), 그리고 부르고뉴 와인으로는 유일하게 1846년산 샹베르탱(chambertin)을 서빙했다. 그 밖

---

1) potage Germiny : 수영(소렐)을 넣은 크림 수프.
2) pommes Anna : 얇게 저민 감자를 빙둘러 담은 뒤 정제 버터를 넣고 오븐이나 팬에 노릇하게 구운 요리.

에도 차르가 특별히 애호했던 뢰데러(Roederer) 샹파뉴를 주로 마셨고, 몇 년 후에는 그를 위한 최고급 샹파뉴 뢰데러 크리스털이 탄생하기도 했다.

이처럼 풍성한 요리도 차르를 만족시키기엔 역부족이었다. 그는 새벽 한 시에 메뉴에 푸아그라가 하나도 없었다며 와인 저장고 담당자인 클로디우스 부르델에게 불평을 늘어놓았다. 부르델은 프랑스 미식에는 6월에 푸아그라를 먹는 것이 일상적인 일이 아니라고 응답했다. 이런 불평을 기억하고 있던 아돌프 뒤글레레 셰프는 가을에 푸아그라 테린 3개를 차르에게 보내는 세심함을 보이기도 했다.

파리의 미식 연대기를 장식한 요리의 향연 중 백미는 비스마르크가 독일연방 몰락 일 년 뒤 독일제국의 창설을 예측하던 시기의 연회를 빼놓을 수 없을 것이다.

루앙식 새끼 오리 요리
Canetons à la rouennaise

- 다진 샬롯 20g
- 타임
- 월계수 잎
- 레드와인(부르고뉴) 1병
- 송아지 육수 500ml
- 피가 그대로 있는 상태의 루앙산 오리 3마리
  (목을 잘라 잡지 않고 질식사시켜 내장과 피가 그대로 남아 있는 오리)
- 소금
- 후추

- 카트르 에피스(quatre-épices 후추, 정향, 넛멕, 생강의 향신료 믹스)
- 코냑 100ml
- 포트와인 100ml
- 레몬 반으로 자른 것 1조각
- 버터 20g

소스팬에 샬롯, 타임, 월계수 잎을 넣고 레드와인을 부어 약한 불에 천천히 졸인다. 수분이 거의 증발해 시럽과 같은 농도가 될 때까지 졸인 뒤 송아지 육수를 붓고 다시 약한 불로 1시간가량 졸인다. 소스의 농도는 주걱으로 떠 올렸을 때 묻을 정도가 돼야 한다(이 소스 베이스를 보르들레즈라고 부른다). 컨벡션 오븐을 210℃로 예열한다. 오리의 내장을 그대로 둔 채로 오븐에 넣어 20분간 익힌다. 오븐의 온도를 160℃로 낮춘다. 오리를 꺼낸 뒤 다리만 잘라내어 다시 오븐에 넣는다. 첫 번째 접시가 나가는 동안 다리를 더 익힌다. 그동안 첫 번째 서빙을 준비한다. 오리의 염통과 간을 다져서 체에 걸러 보르들레즈에 섞어 루아네즈 소스를 만든다. 소금, 후추, 카트르 에피스를 넣어 간을 맞춘다. 가능하면 손님의 식탁에서 소스팬에 코냑을 넣고 불을 붙여 플랑베한 다음 루아네즈 소스를 붓는다. 약하게 끓이면서 포트와인과 레몬즙을 넣고 거품기로 잘 섞는다. 잘게 썰어둔 버터를 넣고 거품기로 휘저어 섞어 매끈하고 윤기 나는 소스를 만든다. 간을 다시 확인한다.

오리 가슴살을 잘라내 껍질을 벗긴다. 얇게 썰어 소스를 끼얹고 셀러리악 퓨레나 그라탱 도피누아(gratin dauphinois, 감자를 얇게 썰어 우유, 크림에 넣고 오븐에 익힌 그라탱 요리)를 곁들여낸다. 가슴살 서빙이 끝나면 오븐에 구운 다리에 비네그레트 드레싱을 뿌린 그린 샐러드를 곁들여낸다. 이때 비네그레트는 신맛이 너무 강하게 나지 않도록 주의한다.

26 오리엔트 익스프레스 열차에서
1869

    기차나 비행기 또는 배 안에서 요리하기는 쉬운 일이 아니다. 흔들림에 적응해야 할 뿐 아니라 협소한 공간이라는 제약도 따른다. 따라서 모든 것이 잘 정리돼 있어야 하고, 용의주도하게 준비해야 한다. 음식을 나르고 테이블에 올릴 때도 몸의 균형을 잘 유지해야 한다. 오리엔트 익스프레스 열차에서 제공되는 메뉴를 살펴보려면 이런 상황을 염두에 둬야 한다. 파리에서 출발해 빈, 부다페스트와 부카레스트(루마니아의 수도)를 거쳐 이스탄불에 도착하는 전설적인 열차는 애거사 크리스티의 추리소설에 등장하기 전에도 유명했다. 이 열차에서 제공하는 식사 메뉴는 간단한 조리법으로 요리해 재빠르게 플레이팅할 수 있는 로스트 육류, 따로 만들어 놓은 소스, 그리고 데쳐 익힌 채소 등이 주를 이뤘다.

    요리 재료들 중 특히 눈길을 끄는 것은 '일본의 진주'라고 부르던 타피오카였다. 메뉴에 포타주 수프를 포함한 것은 그다지 혁신적인 발상이 아니었지만, 타피오카 알갱이를 식탁에 올린 것은 성공적이었다. 타피오카는 거의 연어에 버금가는 대우를 받게 됐으며, 1970년대 모든 성찬식에서 빠져서는 안 되는 메뉴로 인식됐다. 이 둘은 각각 '타피오카'와 '수영 소스를 곁들인 연어 요리'로 식탁에 올랐다. 그런데 대량소비 제품으로 발전해 오늘날은 그리 환영받지 못한다. 크리스마스 세일 딱지가 붙은 연어를 입에 넣

으면 거의 고무줄의 질감이 난다. 타피오카는 얇은 햄을 곁들여야만 그나
마 먹을 만하다. 안타까운 일이다. 타피오카는 동글동글한 알갱이가 입안
에서 느껴지는 질감이 좋아 음식에 사용할 가치가 있는데 말이다.

타피오카를 넣은 콩소메
Consommé de perles

- 양파 큰 것 1개
- 당근 180g
- 리크(서양대파) 300g
- 셀러리 2줄기
- 부케가르니 1개
- 마늘 2톨
- 정향 2개
- 닭 육수
- 토마토 200g 또는 홀 토마토 통조림 1개
- 타피오카 100g
- 소금
- 처빌 2~4줄기

양파를 반으로 자른 뒤 불에 올려 수분이 나오도록 익힌다. 준비한 채소는 모
두 껍질을 벗기고 깨끗이 씻는다. 당근, 리크, 셀러리는 얇게 썬다. 양파를 익힌
냄비에 당근 100g, 리크 200g, 셀러리 50g, 부케가르니, 마늘, 정향 2개를 넣고
재료가 잠길 정도로 닭 육수를 붓는다. 약불에서 30분 정도 끓인 뒤 원뿔체에
거른다. 나머지 당근 80g, 리크 100g, 셀러리 50g, 토마토(또는 홀 토마토 통조림)

200g은 블렌더에 간다. 간 채소와 체에 거른 닭 육수를 냄비에 넣고 잘 저으며 30분 정도 끓인다.

타피오카는 넉넉한 양의 끓는 소금물에 넣고 삶는다. 탱글탱글해지면 건져 찬물에 식힌다. 콩소메 수프를 다시 한 번 체에 걸러준 다음 타피오카를 넣는다. 간을 맞추고 처빌로 장식한 뒤 서빙한다.

27 요리계의 유명 인사, 소통하는 요리사의 탄생
1880

요즘은 식사하러 갈 레스토랑을 정하고 셰프에 관한 정보를 조회하는 일이 당연한 것으로 여겨지지만, 이런 관습은 그리 오래되지 않았다.

19세기에 이런 전형적인 관습에 변화가 생기기 시작했다. 이제 저택에서 직접 공연을 하지 않고 공연을 보러 가게 된 부르주아 사회에는 오늘날과 같은 개념의 연극과 오페라 공연 극장들이 생겨나기 시작했고, 아울러 레스토랑이 사교의 장소로 부상했다.

19세기 초에 문을 연 카페 앙글레는 초창기에 문지기 하인이나 마부들이 주요 고객이었다. 그러나 이탈리안 대로에 이 식당이 자리 잡고, 앙토넹 카렘의 제자인 아돌프 뒤글레레가 주방의 수장으로 영입되면서 이곳은 나폴레옹 3세의 파리를 대표하는 가장 유명한 레스토랑이 됐다(원래 오베르주(auberge, 식당을 갖춘 여관)는 여행 중 숙박과 식사를 해결하기 위한 장소였다. 당시에는 일반적으로 자기 집에서 손님을 맞이했고, 목적지에 도착하면 손님으로 대접받았다).

아돌프 뒤글레레의 요리는 훌륭했고, 특히 그의 소통 능력은 탁월했다. 요리에 인기 절정의 유명인사 이름을 붙이는 것보다 사람들의 마음에 레스토랑의 존재를 깊이 새길 수 있는 더 좋은 방법이 있었을까?

이런 점에서 뒤글레레 셰프는 타의 추종을 불허했다. 그는 고기와 푸아그라, 그리고 송로버섯을 좋아하고 파리에 정착한 어느 이탈리아 작곡가에게 그의 이름을 붙여 '로시니 안심스테이크'[1]라는 요리를 만들어줬다. 이 요리는 19세기 중반 당시로써는 파격적인 시도였으나, 오늘날에는 현대 요리에 크게 이바지한 그의 메뉴 중 하나로 평가받고 있다. 그는 알뷔페라 닭요리[2]를 쉬셰[3] 장군에게 헌정하는 등 자신의 요리를 군인에게 바치거나, 안나 델리옹(Anna Deslions)의 이름을 따 '폼 안나'(p.127 참조)라는 감자요리를 개발해 도시의 밤을 살아가는 화류계의 여인들에게 헌정하기도 했다. 그중 가장 어려웠던 작업은 아마도 소렐(수영) 포타주에 전 프랑스 은행장인 제르미니(Germiny)의 이름을 붙인 일이었을 것이다.

한편, 파리에서 멀리 떨어진 남 프랑스, 젊은 오귀스트 에스코피에가 니스에서 첫 요리사 생활을 시작한다. 그는 요리사 중에서 가장 위대한 인물로 존경받고 있으며, 그의 저서인 『요리 안내서』는 오늘날에 이르기까지 최고의 요리책으로 남아 있다. 그뿐 아니라 에스코피에는 유능한 기업가의 면모도 보여줬으며, 세속적이지 않으면서도 대인관계에 능숙한 소통의 달인이었다.

그는 1864년 성공리에 공연된 오펜바흐의 오페라 부프(opéra bouffe, 희극이나 가벼운 주제를 다룬 오페라) 「아름다운 엘렌」의 이름을 붙인 서양 배 디저트를 만들기도 했다. 에스코피에는 파리의 프티 물랭루즈에서 일하면

---

1) tournedos Rossini : 이탈리아의 작곡가 Gioacchino Rossini 이름을 붙인 안심 스테이크. 소고기 안심을 버터를 두른 팬에 구워 익힌 뒤 크루통 위에 놓은 다음, 팬프라이한 푸아그라와 검은 송로버섯 슬라이스를 얹고 마데이라 데미글라스 소스를 끼얹어 서빙한다.

2) poularde Albuféra : 아돌프 뒤글레레 셰프가 알뷔페라 공작(쉬셰 장군)의 이름을 붙여 만들어낸 닭요리. 삶아 데친 닭에 크넬, 닭 콩팥, 송로버섯을 채운 볼로방과 알뷔페라 소스를 곁들여낸다.

3) maréchal Suchet(Louis-Gabriel Suchet, 1770~1826) : 알뷔페라 공작. 나폴레옹 휘하의 촉망받는 장군 중 한 명이었다.

서 나폴레옹 3세의 외제니 황후에게 헌정하는 샐러드, 가리발디 장군의 이름을 붙인 파이(timbale)를 만들기도 했다. 당시 문학계 유명 인사였던 조르주 상드의 이름을 붙인 닭 가슴 안심 요리와 사라 베르나르를 위한 딸기 디저트도 만들었다. 그가 이 분야에서 이토록 뛰어난 재능을 발휘한 계기를 살펴보면, 처음에는 그저 단순한 감사의 표시로 시작됐음을 알 수 있다. 1889년부터 주방을 총괄해온 런던의 사보이 호텔에는 호주의 유명한 소프라노 넬리 멜바가 2년째 투숙하고 있었다. 에스코피에의 요리에 반한 그녀는 1894년 로헨그린의 코벤트 가든에서 열린 음악회 티켓 2장을 셰프에게 선물한다. 그 다음날 에스코피에는 감사를 표시하기 위해 특별한 디저트를 만든다. 이 디저트는 얼음을 깎아 만든 커다란 백조 모양 조각 양 날개 사이에 바닐라 아이스크림이 담긴 작은 볼을 놓고 그 위에 살짝 데친 백도를 얹었다. 여기에 신선한 라즈베리 퓌레를 끼얹어서 냈다. 이 디저트는 오귀스트 에스코피에라는 위대한 셰프와 당대 최고의 소프라노 오페라 가수의 만남에서 탄생한 것으로 그 의미가 크다. 그뿐 아니라 만드는 방법이 복잡하지 않아서 이후 레스토랑 디저트로도 공전의 히트를 기록한 메뉴가 됐다. 1920년대 이후로 본래의 순수한 달콤함을 감소시키는 샹티이 크림과 구운 아몬드 슬라이스가 더해져 전체적으로 좀 무거워진 것은 아쉬운 점이다.

자, 이 모든 것의 출발점이 된 로시니 안심 스테이크로 돌아가보자.

로시니 안심 스테이크(6인분, 30분 소요)

Tournedos Rossini

- 식빵 6장
- 안심 6조각
  (안심 덩어리의 가장 중앙 부분인 샤토브리앙이면 더욱 좋다)
- 생 푸아그라 1덩어리
- 송로버섯 1개
- 버터 25g
- 마데이라 와인 100ml

식빵을 안심 크기에 맞춰 동그랗게 자른 다음 오븐에 굽는다.

푸아그라는 도톰하게 6등분으로 슬라이스하고, 송로버섯도 6조각으로 썬다.

버터를 달군 팬에 안심을 원하는 익힘 정도로 굽는다. 접시에 식빵을 놓고 그 위에 구운 안심을 올린다. 고기를 익힌 팬에 푸아그라를 재빨리(각 면당 30초) 지져낸다. 안심 스테이크 위에 푸아그라를 얹고 그 위에 송로버섯을 놓는다. 팬에 눌어붙은 육즙에 마데이라 와인을 붓고 디글레이즈해 소스를 만든다. 안심 스테이크 위에 소스를 뿌린다.

28 회의를 겸한 연회
1895

프랑스 대혁명이 몰고 온 혼돈과 대 격변 중 19세기 프랑스의 식문화에 큰 영향을 끼친 사건이 있었다.

1789년 7월 18일 빌레트 후작은 파리의 부르주아들에게 나흘 전에 일어난 대혁명을 축하하는 대규모 연회를 야외에서 열어 즐기라고 선동했다. 물론 첫 시도는 큰 성공을 거두지 못했으나 점차 확산됐고, 그 후로 여기저기서 식사를 겸한 정치 모임이 늘어났다. 반민주적이었던 정권에 대항한 세력은 부르봉 왕조의 왕정복고 시절 자유주의자들, 7월 왕정 시절 공화주의자들, 제2제정 시절 오를레앙파 또는 공화주의자들이었다. 전통적인 여론 소통 방식인 출판, 보도, 공공 언론 등은 집권 세력의 통제를 받았지만, 공적 공간과 사적 공간의 경계를 넘나드는 연회는 자유롭게 토론하고 생각을 나누는 장소가 됐다.

프랑스 제3공화국은 끝나지 않았고 오히려 새로운 도약을 준비하고 있었다. 그런 상황에서 연회장은 나폴레옹 세력에 반대해 뭉친 여러 정파에 가장 보편적인 정치 발언의 장이 됐다. 사디 카르노 제3공화국 대통령의 암살도 식사를 겸한 연회를 마치고 나오던 길에 일어난 사건이었다.

19세기 중반부터 여럿이 모여 식사하면서 술잔을 나누고, 건배하고, 연설하는 등의 재미에 끌려 정치 연회뿐 아니라 문인들의 식사 모임도 문학계의 중요한 현상으로 자리 잡았다. 그중 어떤 것들은 논란의 대상이 되기도 했는데 1868년 4월 10일 생트 뵈브가 주최한 연회에는 귀스타브 플로베르, 에르네스트 르낭, 황제의 사촌인 나폴레옹 제롬 같은 저명인사들이 참석했으며, 식사 메뉴는 소고기 안심이었다. 그날은 보통 금요일이 아니라 부활절을 앞둔 고난주간의 성 금요일이었기에 사람들은 이를 개의치 않고 고기를 먹은 신앙심이 없는 작가들을 두고두고 비난했다. 제3공화국 정권에서는 예술 운동, 만사에 무관심한 쥐티스트[1] 시인들, 또는 상징주의 시 동인들이 각각 연회를 열곤 했다. 이런 유명한 문인들 모임에 참석하지 못한다는 것은 성공하지 못했다는 증표로 여겨졌기에 초대받지 못한 작가들은 몹시 괴로워하기도 했다.

　프랑스 제2제국 시절 문학가 모임에 단골로 초청됐던 에드몽 드 공쿠르[2]는 동생 쥘이 죽은 뒤에도 여전히 신랄한 글을 썼지만 점점 그 매력을 잃어, 공화국 시대에 접어들면서 존재감이 약해졌다. 그러나 공쿠르 형제는 무엇보다도 당시 풍속과 문단에 관한 귀중한 자료이자 일기 문학의 걸작인 『공쿠르의 일기(Le Journal)』를 남김으로써 문학사에 큰 획을 그었을 뿐 아니라 그들 자신이 위대한 소통자로서의 역할을 훌륭히 해냈다.

　문인들의 식사 모임에 더 이상 주빈으로 초청되지 못하자 에드몽은 스스로 모임을 만들었다. 물론 19세기 말 당시 문학 사교계 첨병이었던 일간

---

1) Les zutistes : 19세기 말 샤를 크로(Charles Cros)가 주도한 시 동인회. 만사에 Zut!(이런!, 쳇!) 하고 무관심하게 반응하는 데서 기원했다.

2) Edmond de Goncourt(1822~1896), Jules de Goncourt(1830~1870) : 에드몽 드 공쿠르는 프랑스의 작가이자 문학비평가로서 동생 쥘 드 공쿠르와 함께 집필 작업을 한 것으로 알려져 있다. 그의 유언에 따라 설립된 공쿠르 아카데미는 1903년 이들 형제를 추모하기 위해 공쿠르 상을 제정했고, 매년 가장 뛰어난 소설을 선정해 수여하고 있다. 공쿠르 상은 오늘날 프랑스에서 가장 권위있는 문학상으로 꼽힌다.

지『르 피가로(Le Figaro)』를 비롯한 언론의 비웃음을 받는 등 성공하지는 못했다. 하지만 웅장하고도 화려했던 이 모임은 과장이 심할 정도로 유창한 건배사 덕분에 문학 연회의 본보기로 남았다. 이때 제공된 음식은 클래식한 요리였는데, 앙트르메로 아티초크 속살이 준비됐고, 이는 당시 정찬에 빠지지 않고 등장했던 요리인 브리야 사바랭식 소고기 안심과 함께 나왔다.

브리야 사바랭식 소 안심
Filet de boeuf à la Brillat-Savarin

- 송로버섯 1개
- 꿩 1마리
- 소 안심 덩어리 1.5kg
- 굵직하게 썬 베이컨 라르동 150g
- 얇게 저민 돼지비계 1장
- 당근 2개
- 양파 2개
- 두껍게 슬라이스한 바욘 햄 1장(100g)
- 코냑 100ml
- 부케가르니 1개
- 샴페인 1병
- 닭 육수 500ml
- 버터 50g

송로버섯은 껍질을 벗기고(껍질은 버리지 말고 모아둔다), 가는 막대 모양으로 썰어둔다. 꿩의 가슴살과 다리를 잘라낸다. 가슴살은 긴 막대 모양으로 자르고,

다리는 보관했다가 다른 레시피에 사용한다(카렘은 다릿살을 이용해 크넬을 만들 것을 제안한다). 안심 덩어리에 골고루 칼집을 내어 라르동, 송로버섯, 막대 모양으로 썬 꿩 가슴살을 끼워 넣은 다음, 돼지비계로 감싸고 실로 단단히 묶는다. 컨벡션 오븐을 200℃로 예열한다. 당근과 양파는 껍질을 벗기고 둥글게 썬다. 바욘 햄은 라르동 모양으로 썬다.

냄비를 센 불에 올려 달구고, 안심 덩어리를 지져 겉면에 골고루 색을 낸다(고기를 감싼 비계가 충분하므로 추가로 기름이나 버터를 두르지 않는다). 코냑을 붓고 끓으면 불을 붙여 플랑베한다. 당근, 양파, 부케가르니, 햄과 송로버섯 자투리를 넣는다. 샴페인과 닭 육수를 붓고 냄비를 오븐에 넣어 40분(블루, 레어)~1시간 10분(미디엄) 익힌다. 냄비에서 안심 덩어리를 꺼내 따뜻하게 보관한다. 익힌 국물은 체에 거른 뒤 센 불에 올려 반이 되도록 졸인다. 이렇게 만든 소스에 잘게 썰어둔 버터(혹은 카렘의 레시피처럼 푸아그라)를 넣고 거품기로 세게 휘저어 매끈하고 윤기 나게 만든다.

안심은 얇게 자르고, 소스는 따로 담아 서빙한다.

흥미로운 미식 뒷이야기

연회

기원전 5세기 고대 그리스의 심포지엄은 자유로운 그리스인들에게는 중요한 사회 활동의 하나였다. 그러나 이를 그대로 해석해도 오늘날 우리가 말하는 식사를 겸한 회합인 연회(banquet)와 정확히 일치한다고 보기는 어렵다. 고대 그리스 회합에서는 종종 음주와 가무가 후반부의 대부분을 장식했다. 적어도 플라톤 시절에는 그랬고, 토론으로 중단되기도 했다. 이와 반대로 모임의 전반부는 실용적인 순서로 음식에 집중됐다. 참석한 사람들의 감각적 향락에 대응하기보다 자연적 욕구를 충족하는 것이 우선이었다. 주로 빵, 치즈, 올리브를 먹었다. 이폴로크 드 마세두안[1]의 기록을 보면 기원전 4세기에는 가금류 요리가 추가됐다고 전한다. 그러나 조리법은 아주 간단했다.

식재료의 맛이 발전해가는 과정을 확인하려면 지중해 다른 지역으로 시선을 돌릴 필요가 있다. 현재의 토스카나와 라치오 북부에서 로마 초입에 이르는 지역에 걸쳐 있던, 당시 에트루리아 왕국에서는 다방면에서 문화 발전이 이뤄졌다. 문서로 된 기록이 없어 정확히 파악하기는 어렵지만, 식탁의 즐거움이 주된 역할을 했다는 것은 뚜렷이 알 수 있다. 에트루리아

---

1) Hippoloque de Macédoine : 기원전 3세기 고대 그리스 작가.

문명을 흡수하기 전부터 이를 열광적으로 좋아했던 로마인들은 특히 그들의 정교하고 세련된 음식을 예찬했고, 때로 과도하리만큼 화려한 그 문화를 동경하기도 했다. 고대 그리스인들도 연회에서 음식이 풍성하게 넘쳐나고 성적 자유가 분방했다고 고백한 바 있다.

사실상 여러 문화를 융합하는 능력과 감각을 바탕으로 진정한 연회의 형태를 정착시킨 사람들은 로마인이었다. 그들은 그리스인들에게서 물려받은 사회적 의식이라는 원리를 바탕으로, 연회를 음식과 술과 유흥을 곁들여 친지들과 관계를 돈독히 하는 수단으로 발전시켰다.

에트루리아인들에게는 다양한(연회가 열리면 최소 4코스의 요리, 아니 때로 그보다 많은 음식이 나온다) 식재료를 엄선하여 정성껏 준비하고 요리하는 안목과 취향을 배웠다. 로마인들은 여기에 새롭고 세련된 변화를 주기도 했는데, 예를 들어 살아 있는 동물을 숨겨놓은 깜짝 요리 같은 것을 만들기도 했다. 그들은 언제나 최대한 극단적으로 실행에 옮기는 재주를 선보였다. 마르티알리스가 쓴 풍자시[2]에 나타난 에피소드를 보면, 로마인들은 식사 연회에 깃털을 가지고 갔다고 한다. 포식했을 때 목구멍을 간질이는 용도로 사용됐는데, 이에 따른 생리적 반응은 충분히 상상할 수 있을 것이다. 이렇게 위장이 빈 상태가 되면 다시 만찬을 시작했다고 한다.

---

2) Épigrammes de Martial : 서기 40년에 출생한 라틴 시인 마르티알리스가 쓴 책으로 당시 로마시대의 생활상을 묘사하고 있다.

29 포트사이드에서 맛본 루쿨루스 푸아그라 테린
1897

1897년 12월 17일, 포트사이드[1]에서 페르디낭 드 레셉스[2]의 거대한 동상 제막식이 거행됐다. 한겨울이었지만 그날 이집트의 날씨는 온화했다. 이 행사에 준비한 음식은 케디비알(khédivial) 포타주, 루쿨루스 테린, 꼬챙이에 꿰어 구운 새끼 칠면조 요리, 봄채소를 곁들인 안심, 지중해산 버찌술 마라스키노 리큐어 소르베, 송로버섯을 넣은 르망산 샤퐁(거세 수탉) 로스트, 그린 샐러드. 크림소스 아스파라거스, 생트 알리앙스식 차가운 꿩 파테, 여러 가지 맛 아이스크림 봉브 케이크와 화려하게 장식한 사부아 케이크, 그 밖에도 물론 치즈와 다양한 디저트가 포함됐다.

그런데 이상하지 않은가? 지역이 이집트인데 동양 음식은 하나도 보이지 않는다. 그 흔한 무화과도, 대추야자도 세몰리나 가루도 없다. 푸아그라로 만든 루쿨루스 테린으로 시작하는 이 코스 메뉴는 프랑스 고급 요리를 총동원해 구성됐다. 물론 푸아그라는 본산지가 이집트 아니냐고 반박할 수도 있을 것이다.

---

1) Port-Saïd : 수에즈 운하 북단, 지중해 연안에 위치한 이집트의 항구도시.
2) Ferdinand de Lesseps(1805~1894) : 프랑스의 외교관, 기업가. 수에즈 운하를 계획하고 사이드 파샤 왕의 인가를 얻어 1859년부터 1869년까지 10년에 걸쳐 완성했다.

그러나 옛 프랑스 식민제국시대 연회에 참석해봤거나 그런 행사 메뉴를 관심 있게 살펴본 사람이라면 담당 공무원들이 선박이나 비행기 등 교통수단을 동원해서라도 정통 프랑스 요리를 중심으로 메뉴를 구성하려고 애썼다는 사실을 알게 될 것이다. 수에즈 운하의 아버지로 불리는 이 프랑스 외교관의 동상 제막식이 이런 사실을 잘 보여주고 있다.

루쿨루스 푸아그라 테린
Bouchées à la Lucullus

- 무염버터 100g
- 한 번 익힌 오리 푸아그라 275g
- 고운 소금
- 후추
- 코냑 10ml
- 레드 포트와인 50ml
- 익힌 훈제 우설 400g
- 고기 육즙 즐레 100ml
- 송로버섯 20g

버터는 냉장고에서 미리 꺼내 상온에 두어 부드럽게 한다. 볼에 푸아그라, 소금, 후추, 코냑 10ml, 포트와인 10ml와 부드러워진 버터를 넣고 손으로 재빨리 섞는다. 익힌 훈제 우설은 최대한 얇게 슬라이스한 다음 직사각형으로 잘라 랩 위에 놓는다. 직사각형 틀에 푸아그라와 말린 우설을 한 켜씩 교대로 쌓아 넣는다. 냉장고에 1시간 넣어둔다. 육즙 즐레를 데운 다음 나머지 포트와인

(40ml)을 넣고 혼합한다. 테린을 틀에서 분리해낸다. 얇게 썬 송로버섯으로 덮어준 뒤 즐레를 붓으로 발라 씌운다. 냉장고에 최소 1시간 이상 넣어뒀다 서빙한다.

30 황후에게 푸딩을
1899

푸딩은 영국의 왕과 왕비가 평소에 즐기던 메뉴는 아니다. 하지만 인도의 젊은 황후와 그녀보다 나이가 많은 영국의 빅토리아 여왕은 푸딩을 즐겼다. 1899년 크리스마스이브에 여왕의 식탁에 어떤 음식이 올랐는지는 자료를 통해 알 수 있다. 당연히 크리스마스 푸딩이 포함됐고, 콩소메, 칠면조, 대문짝 넙치 요리도 나왔다.

군주들은 크리스마스 전통에 따라 의례적 행사를 정립했다. 그들은 특별한 날에 자손을 한자리에 모이게 함으로써 군주의 기능이 자문 역할에 그치는 입헌군주정에서 그들이 국가의 초석으로 인식되기를 바랐다. 오늘날에는 비록 '프린스 앨버트(PA)'라는 말을 들으면 푸딩 레시피보다 피어싱 용어[1]가 먼저 떠오르지만, 크리스마스 식사를 준비했던 당시 요리사들의 수고에는 경의를 표해야 할 것이다. 여왕이 크리스마스 시즌에 오스본 성에 기거할 때면 주로 특별 열차편으로 음식을 공수하기도 했다.

크리스마스 푸딩은 면포 행주에 싼 채로 몇 주간 매달아뒀는데, 대부분 사람들은 그 사실을 알지 못한다. 영국을 상징하는 대표적 음식인 푸딩의 역사에 관해 수많은 역사학자가 연구를 계속해왔다. 푸딩이 탄생한 이

---

1) PA(Prince Albert) piercing : 남성의 성기에 착용하는 링 모양의 피어싱을 가리킨다.

유 중 하나는 재료로 쓰인 건과일류의 보존성과 관련이 있다. 원래는 가을에 도축한 고기를 얇게 썰어 콩팥 기름에 재운 과일과 함께 틀에 넣어 보존했다. 이로부터 두 가지 음식이 탄생하는데, 하나는 고기 파이, 다른 하나는 걸쭉한 국물 또는 수프이다.

크리스마스 푸딩은 차츰 필수 메뉴로 자리 잡았다. 당시 푸딩에 들어가는 재료 중에 콩팥 기름이 등장한 것은 그리 놀랄 만한 일이 아니었다. 푸딩의 색깔을 내는 것은 당밀과 황설탕이다.

크리스마스 푸딩(12인분)
Plum-pudding

- 소 콩팥 기름 500g(정육점에서 구할 수 있다)
- 레몬 2개
- 오렌지 껍질 콩피 125g
- 체리 콩피 125g
- 껍질 깐 아몬드 125g
- 황금색 건포도 500g
- 스미른 건포도(raisins de Smyrne) 500g
- 코린트 건포도(raisins de Corinthe) 250g
- 빵가루 500g
- 밀가루 125g
- 올스파이스 가루 25g
- 계핏가루 25g
- 넛멕 간 것 1/2개분
- 소금 한 자밤

- 우유 300ml
- 달걀 8개
- 럼 60ml + 250ml
- 버터 125g
- 슈거파우더 250g

서빙하기 3주 전, 그렇다, 3주 전에 콩팥 기름을 잘게 다져 놓는다.

레몬 껍질을 노란 부분만 얇게 벗기고, 즙을 짠다. 오렌지 껍질, 체리, 레몬 제스트와 아몬드를 모두 잘게 다진다. 큰 볼에 넣고 각기 다른 종류의 건포도, 빵가루, 밀가루, 향신료와 소 콩팥 기름, 소금 한 자밤을 넣고 잘 섞는다. 우유를 넣어 잘 혼합한다. 달걀을 한 개씩 깨트려 넣으며 잘 섞어준다. 럼 60ml와 레몬즙을 넣고 균일한 반죽이 되도록 혼합한다. 얇은 면포에 밀가루를 뿌리고, 반죽을 둥글게 뭉쳐 놓는다.

이 반죽을 면포로 싸 꼭 조인 다음 끈으로 단단히 묶는다. 끓는 물에 넣어 4분간 익힌다. 면포에 싼 상태로 선선한 곳에서 최소 3주간 보관한다.

서빙 당일, 중탕으로 2시간 익힌다. 버터와 슈거파우더를 흰색의 크리미한 질감이 되도록 잘 혼합한다. 럼 150ml를 조금씩 넣어주며 섞는다. 푸딩을 면포에서 분리한다. 럼 100ml를 끓인 후 푸딩에 붓는다. 불을 붙여 플랑베하면서 식탁으로 서빙한다. 하드 소스(럼, 설탕, 버터를 혼합한 것)를 곁들여 낸다.

31 파리 만국 박람회와 22,965개의 바바
1900

1900년 9월 22일, 만국 박람회가 개최된 파리에서 거대한 규모의 연회가 열린다. 무려 하객 22,965명이 초대됐다. 이렇게 많은 수의 참석자에게 동시에 음식을 제공하는 것은 엄청난 일이었다. 이런 어려움을 감안해 준비한 메뉴가 연회 중에 차례로 나왔다. 찬 음식은 토막 낸 언어 요리로 시작했다. 차갑게 굳힌 새끼 오리 요리나 발로틴(ballottines) 등의 음식은 미리 준비해둘 수 있었다. 그 밖에 주최 측이 미리 알리지 않은 메뉴를 내서 참석자들을 놀라게 하는 소소한 재미도 있었다. 이날 연회에는 벨뷔 소 안심을 선보였다. 당연히 찬 요리였다. 특히 이것은 벨뷔성에 머물던 왕의 전 애인 퐁파두르 부인을 위해 만든 요리였다. 디저트로는 파티스리의 또 다른 고전이라고 할 수 있는 바바 오 럼이 나왔다.

오래전부터 바바는 만들기에 극도로 까다로운 파티스리로 알려졌다. 전기 오븐이나 따뜻한 발효실(습기가 있는 작은 오븐)의 도움 없이 반죽을 부풀리기는 몹시 어렵다. 레시피에서는 바바를 '감기에 걸리게' 하면 안 된다는 점을 늘 강조해왔다. 성공적으로 잘 만든 바바를(오늘날처럼 럼에 적시지 않고) 마데이라나 말라가 와인, 또는 사프란 시럽에 적셔 먹는다.

바바 오 럼

Baba au rhum

바바 반죽(500g, 바바 2개분) :
- 버터 75g
- 생 이스트 7g
- 우유 100ml
- 밀가루 250g
- 소금 6g(1.5 티스푼)
- 달걀 3개
- 설탕 6g(1.5 티스푼)

시럽 :
- 설탕 350g
- 황갈색 럼 3테이블스푼

바바 반죽 만들기 : 버터는 최소 20분 전에 상온에 꺼내 두어 부드럽게 만든다. 믹싱 볼에 생 이스트와 우유 2테이블스푼을 넣어 개어둔 다음 밀가루와 소금을 넣는다. 전동 스탠드 믹서에 도우 훅을 장착하고 느린 속도로 돌려 반죽한다. 계속 돌리면서 달걀을 조금씩 넣어준다. 8~10분간 반죽한 다음 나머지 우유와 설탕을 넣고, 마지막으로 버터를 넣어 매끈한 반죽을 완성한다. 반죽을 다른 볼에 옮겨 담고 랩을 씌워 35~40℃의 낮은 온도의 오븐에 넣어 30분 정도 부풀도록 발효시킨다.

시럽 만들기 : 재료를 모두 냄비에 넣고 가열한다. 끓으려고 거품이 일기 시작

하면 불에서 내려 상온이 되도록 식힌다. 일반 전기 오븐을 200℃로 예열한다. 버터를 바른 바바 틀에 반죽을 넣고 오븐에서 15분간 구워낸다. 바바를 망에 올린 다음 시럽을 부어 적신다. 이 작업을 반복해준다. 따뜻하게 데운 잼을 표면에 발라 서빙한다. 이 모든 것은 아주 근사한 일이다.

32 침몰하기 직전의 에클레어

1911

1911년 4월 14일, 호화 유람선 타이타닉호 일등석 승객들에게 각종 디저트가 카트에 담겨 나온다. 젤리 복숭아로 만든 월도프 케이크를 먹을까, 바닐라 글레이징을 한 초콜릿 에클레어를 먹을까, 그들은 어느 것을 골라야 할지 몰라 즐거운 고민에 빠진다.

슈 페이스트리에 크림을 채워 넣는 이 레시피는 16세기부터 알려졌고, '공작부인의 빵'이라는 별명으로 불렀다. 옛날 방식으로 안을 채우고 싶으면 향을 더한 샹티이 크림이나 잼, 마멀레이드를 고를 수도 있다. 그다음 설탕을 끓여 만든 시럽(sucre cuit au cassé, 끓인 설탕을 찬물에 담갔을 때 선명하게 깨지는 상태)에 에클레어를 통째로 담갔다가 건져서 코팅을 한다.

이날 타이타닉호에서 디저트를 만들던 파티시에는 자신이 생애 마지막 에클레어를 만들고 있다는 사실을 몰랐을 것이다. 슈 페이스트리 반죽의 특징은 만드는 중간에 불 위에서 잘 저으며 수분을 증발시키고, 오븐에 구우면서 다시 한 번 건조 과정을 거친다는 점이다. 그래야 머랭처럼 겉은 바삭하고 속은 말랑한 슈를 얻을 수 있다.

크렘 파티시에에 관한 최초의 기록은 왕실과 귀족의 요리사였던 프랑수아 마시알로의 레시피에서 찾아볼 수 있다. 당시에는 달걀을 풀어놓은 혼합물에 밀가루와 우유를 넣고 화덕에서 끓여 만들었다.

타이타닉호의 에클레어
L'éclair du Titanic

크렘 파티시에 :
- 우유 500ml
- 바닐라 빈 1줄기
- 달걀노른자 6개
- 설탕 150g
- 옥수수 전분 40g

슈 페이스트리 :
- 버터 110g
- 우유 400ml
- 물 200ml
- 소금 1자밤
- 밀가루(다목적용 중력분 T55) 140g
- 설탕 4티스푼
- 달걀 500ml(약 10개)

크렘 파티시에 만들기 : 우유에 바닐라 빈을 넣고 끓인다. 불을 끄고 30분간 향이 우러나게 둔다. 달걀노른자와 설탕을 1분간 최대한 세게 거품기로 섞는다. 옥수수 전분을 재빨리 넣어 혼합한다. 여기에 뜨거운 우유를 한 국자 넣어 혼합물의 온도를 높이며 잘 섞은 다음 다시 우유 냄비로 옮겨 붓는다. 계속 잘 저으며 가열한다. 끓기 바로 직전 농도가 되직해지기 시작하면 불에서 내린다. 크렘 파티시에는 묽게 흐르는 농도가 아니라, 살짝 굳은 느낌의 되직한 상태의 크림이다. 냉장고에 보관한다.

슈 페이스트리 만들기 : 냄비에 우유와 물을 넣고 버터를 넣어 녹인다. 소금을 넣고 가열한 다음 끓기 시작하면 밀가루를 한 번에 넣고 설탕을 넣는다. 주걱으로 잘 저으며 다시 불에 올려 1분간 수분을 날린다. 달걀을 푼다. 반죽에 조금씩 넣어주며 계속 잘 저어 혼합한다. 이 작업은 아주 빠르게 해야 한다. 반죽을 깍지 낀 짤주머니에 넣고, 길이 8cm, 폭 2cm 크기의 슈를 짜 놓는다. 포크를 사용해 줄무늬를 낸 다음 붓으로 표면에 물을 살짝 발라준다. 200℃로 예열한 오븐에서 15분간 구운 다음, 180℃로 온도를 낮추고 오븐 문을 연 채 10분간 더 굽는다.

슈 안에 크렘 파티시에를 채운다. 슈거파우더와 달걀흰자를 혼합해 표면 위에 씌운다.

알아두면 유용한 팁 : 모든 크림은 사용하기 전 하룻밤 냉장고에 휴지시키는 것이 좋다. 그러므로 크렘 파티시에도 하루 전날 만들어 놓는다. 또한 크렘 파티시에는 일단 불이 꺼지면 굳어진다. 그러므로 주저하지 말고 빨리 불에서 내려 더 이상 익지 않게 해야 한다. 사용하고 남은 슈 반죽은 냉장고에 넣어두면 일주일 정도 보관할 수 있으며, 냉동실에서는 오랫동안 보관가능하다. 오래 숙성된 콩테 치즈 간 것(반죽 무게의 1/5)을 섞어 구제르(gougères) 치즈 퍼프를 만들거나, 동량의 감자 퓌레를 섞어 폼 도핀(pommes dauphines)을 만드는 데 활용하면 좋다.

33 왕의 즉위식과 샴페인
1928

쇼와 3년(1928) 11월 10일 히로히토 왕세자가 일본 왕위에 오른다. 왕의 의복과 장신구를 승계하는 긴 전통 즉위식은 오래전부터 정해진 의례에 따른다. 이 연회에서는 당연히 '떠오르는 태양의 제국'이라 불리는 일본의 전통 관례와 풍습 등을 볼 수 있으리라 기대했다. 그러나 예상은 완전히 빗나갔다. 연회 만찬의 메뉴는 프랑스어로 쓰여 있었고, 상에 올린 음식 중 아시아풍 음식이라고는 거의 찾아보기 힘들 정도였다. 애피타이저로 나온 맑은 거북이 콩소메를 제외하면 모든 코스가 프랑스 요리 일색이었다. 디플로마트 소스[1]를 곁들인 송어, 벨뷔 스타일 메추리 쇼 프루아[2], 익힌 채소를 곁들인 소고기 안심, 샴페인 소르베, 골수 소스 셀러리, 껍질 사이에 송로버섯을 넣고 로스트한 새끼 칠면조, 임페리얼 푸딩 등이 식탁에 올랐다. 이 메뉴를 통해 샴페인은 탄생 이후 누려온 긴 역사, 즉 전통적으로 세상의 모든 권위 있는 중요한 식탁에 반드시 오른다는 사실을 여실히 보여줬다.

---

1) sauce diplomate : 생선 육수, 양파, 달걀노른자 베이스의 노르망디 소스(sauce normande)에 랍스터 버터와 잘게 썬 랍스터 살, 송로버섯을 넣어 섞은 것.

2) chaud-froid de caille en Bellevue : 거위 간과 잘게 다진 송로버섯 등으로 속을 채운 뒤 원래 모양대로 묶어 송아지 육수에 익혀 식힌 메추리에 쇼 프루아 소스를 끼얹고, 송로버섯과 삶은 달걀로 장식한 다음 메추리 육즙 젤리를 씌워 굳힌 요리.

샴페인에 대한 선호는 17세기부터 시작됐다. 코르크 병마개, 기름 먹인 대마 실, 두툼한 두께의 병, 여러 포도종의 블렌딩 등 이 모든 발전은 오빌레르 베네딕틴 수도원의 식료품 담당 수도사였던 동 페리뇽이 이룬 업적이었다. 18세기 말 샴페인은 수도원을 떠나 점차 상업적 생산에 돌입했고, 몇몇 가문이 거래에 종사하게 됐다. 이 과정에서 부상한 가문 중에는 플로랑스 루이 하이드직이나 클로드 모에를 들 수 있다. 모에 가문은 1745년 아상블라주(블렌딩)을 실현했다. 또한 피에르 니콜라 마리 페리에 주에나 볼랭제 가문이 그 뒤 수십 년을 이어 부상했다. 19세기에는 남편이 사망한 뒤에 회사를 이어받아 사업을 계속한 미망인들이 눈에 띄는데 마담 포므리, 마담 페리에, 마담 클리코 등이 그들이다.

샴페인은 일찍이 상거래 대상이 됐고, 그 경쟁은 점점 치열해졌다. 바르브 니콜 클리코 퐁사르당은 뵈브 클리코 브랜드를 만들었고, 어디서나 볼 수 있었던 루이나르를 압도하는 성과를 올리면서 경쟁자들을 위협하기 시작했다. 뵈브 클리코 샴페인 시장의 삼분의 이는 러시아 제국이었으며, 경쟁 상대는 다름 아닌 '친족 공급업체' 특권을 얻었던 플로랑스 루이 하이드직이었다.

우리는 샴페인도 와인의 일종이라는 사실을 종종 잊곤 한다. 그리고 이 와인이 찬란한 빛을 발하려면 여러 가지 제약을 감수해야 했다는 사실도 마찬가지다.

샴페인 소르베

Sorbet au champagne

- 로제 샴페인 400ml
- 보메 비중계 농도 28°b 시럽
 (물 400ml에 설탕 400g을 넣어 끓여 완전히 녹인 것)
- 생수 1.5리터
- 레몬즙 1개분

소르베(셔벗) 기계에 재료를 모두 넣고 돌려 소르베를 만든다. 아몬드 튈이나 라즈베리 소르베(라즈베리 500g와 28°b 시럽 400ml, 레몬즙 2스푼을 넣어 만든다)를 곁들여 서빙한다. 바닐라 빈을 넣고 직접 휘핑한 크림을 얹어 낸다면 소르베의 맛을 한층 더 끌어올려 줄 것이다.

유용한 팁 : 소르베는 만든 지 몇 시간 이내에 먹어야 한다.

34 두 강국의 노익장 리더와 크리스마스 푸딩
1941

1941년 12월. 영국은 독일 서부 전선에서 고군분투하고 있었다. 프랑스는 패배했고, 스페인과 포르투갈은 공식적으로 중립을 선언했으며, 유럽은 서유럽과 동유럽을 막론하고 대부분 독일 통치하에 있었다. 영국 왕립 공군(RAF)이 영국 전투에서는 기선을 제압하고 승리했지만, '블리츠(the blitz, 일명 영국 대공습)'라고 부르던 독일군의 기습 공격의 결과는 참혹했다. 그러나 도조 히데키 장군이 12월 7일 진주만 기지에 기습적으로 감행한 해군과 공군의 공격은 미국을 전투에 참여하게 함으로써 힘의 균형을 흔들어놓았다. 게다가 윈스턴 처칠에게는 이 새로운 동맹국 미국이 동부 전선[1]에서 싸운 러시아보다 훨씬 더 믿을 만한 존재였다.

12월 7일, 우연의 일치인지 처칠 총리는 주영 미국 대사인 존 G. 위넌트, 루스벨트 대통령 특사로 영국을 방문 중이던 윌리엄 에이브럴 해리먼, 그리고 생일을 맞은 그의 딸 캐이슬린과 함께 저녁식사를 했다. 그날 저녁 그는 워싱턴을 방문하기로 마음을 정했는데, 그 목적은 대단한 것으로, 양

---

1) 동부 전선(Eastern Front), 독소전쟁(German-Soviet War) : 나치 독일이 바르바로사(Barbarossa)라는 작전명으로 1941년 6월 22일부터 1945년 5월 9일까지 소비에트 연방을 침공한 이래 중부 및 동부 유럽까지 포괄해 전개된 전선이다. 전례 없는 광포성과 파괴, 엄청난 인명 손실로 악명이 높았던 이 전쟁은 1945년 5월 베를린 공방전을 마지막으로 독일이 항복하면서 끝났고, 이후 소련은 군사 및 산업 초강대국으로 부상했으며, 중앙유럽 전체와 전후 동독 지역을 점령했다.

대국 사이 동맹을 확고히 하는 것이었다. 독일은 영미 연합에 대항해 12월 11일 미국에 전쟁을 선포한다. 처칠은 특히 영국 전쟁에 대한 미국의 지속적 지원을 보장받기 원했고, 더 나아가 갈등이 이미 전 세계적 국면으로 확대된 상황에서 미국이 유럽을 지원의 우선 목표로 확고히 삼아주기를 바랐다. 처칠은 12월 12일 워싱턴 인근 햄튼로드에 도착한 뒤, 백악관에서 3주간 머물렀다.

당시 분란이 잦았던 프랭클린 루스벨트 대통령과 영부인 엘리노어는 처칠의 방문으로 몹시 긴장했다. 그의 방문이 비밀리에 진행됐기에 엘리노어 여사는 국빈인 처칠이 도착한 뒤에야 그 사실을 알았다. 게다가 당시 그녀는 힘든 상황에서도 가족에게 편안하고 즐거운 시간이 될 크리스마스 연회를 준비하던 중이었다. 하지만 이 불청객은 미국 대통령 가족의 마음을 사는 방법을 알았다. 그는 막중한 임무를 수행하는 자리에 있었지만 성품이 매우 소탈했고 개성이 독특했으나 외교적 태도가 몸에 밴 고수였다. 백악관 안주인도 마음이 풀렸는지 식탁에도 점차 처칠의 입맛에 맞는 음식을 올리기 시작했다. 1941년 12월 24일 미국 동부에서 맞은 크리스마스이브 만찬에는 굴, 안에 밤을 넣은 로스트 칠면조와 그린 빈스, 콜리플라워, 고구마 스튜, 치즈와 자몽, 그리고 무엇보다도 빠질 수 없는 크리스마스 푸딩이 식탁에 올랐다. 이국에서 낯선 음식을 먹게 된 처칠의 일화도 몇 가지 전해진다. 그중 하나가, 족발과 슈크르트[2]를 좋아했던 루스벨트 대통령이 처칠에게 이 요리를 대접했는데, 이를 먹은 처칠은 "찐득한 음식 치

---

2) choucroute, sauerkraut : 슈크루트, 사우어크라우트. 잘게 썬 양배추를 소금물에 발효시켜 만든 독일식 양배추 절임으로 시큼한 맛이 난다. 프랑스 알자스 지방에서도 즐겨먹으며, 주로 돼지 족발이나 소시지 등에 곁들인다.

고는 아주 맛있군요."라고 평가했다는 일화다. 이어서 루스벨트 대통령은 영국식 인도 요리의 대표 메뉴이자, 어찌 보면 인도 음식이라기보다 영국 음식에 가까운 케제리(kedgeree)를 대접해 그의 환심을 사려고 했다. 어쨌든 처칠은 늘 그랬듯이 호감이 가는 손님이었으며, 불청객으로 방문했다는 사실은 곧 잊혔다. 그의 방문은 대서양을 마주한 두 국가 사이 동맹 관계를 공고히 했고, 이는 아마도 제2차 세계대전을 둘러싼 외교 활동의 매우 중요한 계기가 됐을 것이다.

케제리

Kedgeree

- 해덕 대구(haddock, 케제리용으로는 주로 훈제 대구를 사용한다) 500g
- 월계수 잎 2장
- 바스마티 쌀(씻어서 건져둔다) 200g
- 소금
- 달걀 큰 것 4개
- 깍지를 깐 완두콩 100g
- 버터 40g
- 식용유 1테이블스푼
- 양파 1개
- 커리 가루 수북하게 1테이블스푼
- 생크림 3테이블스푼
- 파슬리 다진 것 1/2단
- 후추
- 레몬 1/2개

훈제 대구를 껍질이 위에 보이도록 소스팬에 넣고, 찬물 500ml와 월계수 잎을 넣은 후 가열한다. 생선살이 쉽게 떨어질 정도가 될 때까지 약하게 끓는 상태로 8~10분 정도 익힌다. 생선을 건지고 익힌 국물은 보관한다. 월계수 잎은 건져낸다. 이 국물을 소스팬에 붓고 쌀을 넣는다. 뚜껑을 닫고 가열해 끓기 시작하면 불을 줄인 뒤 10분간 약하게 끓는 상태로 익힌다. 불을 끄고 3~5분간 뜸을 들여 밥에 국물이 잘 스며들도록 둔다. 중간 크기의 다른 소스팬에 소금물을 넣고 끓인 다음, 달걀을 넣고 8분간 삶는다. 달걀을 건져 찬물에 재빨리 넣고, 만질 수 있을 정도의 적당한 온도가 되면 꺼낸다. 달걀의 껍질을 벗겨둔다. 완두콩은 끓는 소금물에 넣어 10분간 익힌 다음 건져둔다. 소테팬에 버터와 식용유를 넣고 달군 뒤 양파를 넣고 약한 불에서 5분간 잘 저어주며 볶는다. 양파가 투명해질 때까지 익으면 커리 가루를 넣고 3분간 계속 저으며 익힌다. 익힌 쌀을 넣고 잘 섞은 후 완두콩, 생크림, 파슬리, 후추를 넣고 다시 잘 섞어준다. 생선살을 손으로 부수어 넣고, 레몬즙 반 개분을 넣어 살살 섞는다. 삶은 달걀을 세로로 등분해 위에 얹은 뒤 따뜻해지도록 2~3분간 소테팬 뚜껑을 덮어둔다. 뜨거운 상태에서 서빙한다.

35 윈스턴 처칠의 철갑상어
1942

윈스턴 처칠은 늘 자신에 대한 확고한 믿음이 있었다. 더 정확히 말하자면 자신이 매력 있는 협상가로서 설득의 기술을 갖췄다는 믿음이 있었다는 것이다. 이런 자신감은 타협적인 성향의 루스벨트와 협상하거나 고집 센 스탈린을 설득해야 할 때 중요하게 작용했다.

1942년 여름, 모스크바에 도착한 처칠은 자신의 일상적인 습관을 그대로 유지했다. 우선 그는 목욕을 했다. 스탈린은 연로한 국빈의 아침식사로 커다란 쟁반에 캐비아, 케이크, 초콜릿, 과일, 커피, 오믈렛 등 여러 요리를 조금씩 올려놓게 했다. 8월 14일 크렘린궁의 주인 스탈린이 주최한 만찬에 등장한 요리는 당시 이 나라에서 겪고 있었을 궁핍은 전혀 찾아볼 수 없을 만큼 호화롭고 풍성했다. 두 종류의 캐비아를 포함해 모두 15가지 차가운 오르되브르가 나왔고, 이어서 8가지 더운 음식이 나왔다. 이 화려한 만찬의 마지막은 소르베, 리큐어, 그리고 프티푸르가 장식했다.

그러나 배 속의 충만함을 만끽하기 전에 따라야 할 관례가 있었다.

처음으로 블랙 타이를 포기한 처칠 총리를 위한 건배가 25차례나 이어졌다. 그는 자서전에서 스탈린이 그날 저녁 음식을 조금밖에 먹지 못했다고 밝혔다. 스탈린의 이런 소극적인 식사 태도는 자칫 영국과 러시아의 관계에 대한 의혹의 단서가 될 수도 있었지만, 처칠은 당시 스탈린과의 만남에 진정성이 있다고 확신했다. 결과적으로 아주 작은 부분을 제외하고 그의 판단은 옳았다. 처칠이 좋아하는 캐비아와 샴페인을 넉넉히 넣은 피크닉 바구니를 그의 여행 가방에 넣어 보낸 크렘린궁의 배려는 다른 모든 정치적 이해관계를 떠나 전쟁 중 나치에 대항하는 이 두 제국의 연대가 견고했음을 보여주는 징표라 할 수 있었다. 어찌 됐든 처칠은 그렇게 여러 중대한 순간에 그만의 매력을 드러냈다.

샴페인 소스의 철갑상어
Esturgeon au champagne

- 보라색 당근 4개
- 주황색 당근 4개
- 식용유
- 달걀 8개
- 옥수수 전분 15g
- 생크림 125ml
- 소금
- 후추
- 샬롯 2개
- 차이브(서양실파)
- 철갑상어 필레(각 240g짜리) 4개
- 생선 육수 100ml
- 달지 않은 샴페인(champagne brut) 250ml
- 버터 120g

오븐을 180℃로 예열한다. 당근은 껍질을 벗기고, 필러나 만돌린 슬라이서를 사용해 얇고 길게 저민다. 자를 사용해 당근을 같은 폭으로 자른다. 실리콘 머핀 틀(6구형) 안에 식용유를 바른 다음, 당근의 색을 교대로 바꿔가며 바깥쪽에서 안쪽으로 겹겹이 세워 채운다. 달걀 한 개를 풀어 녹말가루를 섞은 뒤 생크림 125ml를 넣고 소금과 후추로 간한다. 이 혼합물을 회오리 모양으로 당근을 채워 넣은 머핀 틀 중앙에 각각 부어 넣은 다음, 오븐에서 30분간 굽는다. 샬롯과 차이브를 잘게 썰어 버터를 발라둔 그라탱 용기 바닥에 골고루 뿌려놓는다. 그 위에 철갑상어 필레를 놓고 뜨거운 생선 육수 100ml와 샴페인 한 잔을 붓는다. 소금으로 간을 한 뒤 오븐에 넣어 10분간 익힌다. 오븐에서 꺼낸 뒤 생선 필레는 따로 건져두고, 익힌 국물은 작은 소스팬에 옮겨 담아 졸인다.

달걀을 깨트려 흰자와 노른자를 분리한다. 노른자와 나머지 샴페인을 소테팬에 넣고, 졸여놓은 생선 국물을 넣는다. 사바용을 만들 듯이 거품기로 계속 저으며 5분간 익힌다. 작게 자른 버터를 작은 소스팬에 넣고 약한 불에 올려 녹인다. 밑에 가라 앉은 유청이 따라 나오지 않도록 맑은 정제 버터만을 덜어내 사바용에 조금씩 넣으며 계속 거품기로 잘 저어 균일한 질감의 소스를 완성한다. 뜨겁게 (반드시 필요!) 준비한 접시에 소스를 깔고 그 위에 철갑상어 필레를 얹는다.

오븐에 익힌 당근 또는 당근 퓌레와 함께 서빙한다.

리큐어

"운동은 하지 않습니다. 오로지 위스키와 시가만 있으면 되지요." 윈스턴 처칠의 건강 관리법은 어찌 보면 도발적으로 들릴지 모르나, 이는 20세기 관습에 뿌리를 둔 생활방식이다. 물론 최근 수십 년간 진화된 식품 위생 인식으로 이 같은 습관은 이제 설 자리를 잃었지만 말이다.

사실 리큐어와 시가의 매칭에 관한 기호 자체는 비교적 최근 일이다. 증류주 제조 과정은 이미 오래전에 알려졌지만, 이를 이용한 오드비 제조는 12세기에 와서야 시작됐다. 게다가 이름부터 '생명의 물(aqua vitae)'을 뜻하는 오드비(eau-de-vie, 스코틀랜드 게일어로는 uisghe beatha이고 이것이 usquebaugh를 거쳐 현재 whisky가 됐다)는 장수의 묘약을 만들려던 화학자들의 작품이고, 단순한 술이라기보다 의약품, 소독제, 치료제로 사용하려고 개발됐다.

병을 앓던 나바르의 왕 샤를 르 모베는 침대 시트에 오드비를 뿌려놓았는데, 하인이 실수로 불붙은 초를 떨어뜨리는 바람에 왕이 죽음에 이르렀다는 일화도 있다.

네덜란드 상인들이 주니퍼베리로 향을 내 만든 맑고 투명한 오드비가 의학적 효능이 있는 약제가 아니라 술로서 더 인기를 끌게 된 것은 17세기에 이르러서다. 18세기에는 스코틀랜드에서 획기적인 발견이 이뤄진다. 당시 영국인들은 이미 셰리와 보르도 와인의 열성적인 애호가였다. 스코틀랜드의 증류업자들은 수입해 들여온 와인의 오크통을 재활용해 쓰고 있었다. 그들은 이 통에 오래 보관한 위스키가 특별한 맛과 색을 띠게 된다는 사실을 알았다. 코냑 증류업체들은 이런 방법을 재빨리 채택했고, 이는 아르마냑 제조에도 적용됐다. 19세기에는 이런 리큐어 취향이 영국령 섬에서 유럽 대륙 쪽으로 확대됐다.

안정적인 입지를 확보한 리큐어는 그 인기를 더해갔고, 식사 후 또는 디저트 코스에 마시는 식후주로 자리 잡았다.

18세기의 흡연 문화를 보면 코담배나 씹는 담배는 남녀를 불문하고 많이 소비됐던 반면, 진짜 '연기 나는' 담배는 남성들의 전유물처럼 보였다. 이런 담배는 시가 형태이거나, 크림 반도 전쟁 이후 터키 군인들을 통해 프랑스와 영국 동맹군에게 퍼져나간 일반 담배 형태였다. 식사가 끝나면 남성들이 연기와 냄새가 집 안에 퍼지지 않게 자리를 옮겨 담배나 시가를 피우며 식후주를 마시는 습관도 생겼다. 이렇게 시가와 리큐어는 떼려야 뗄 수 없는 불가분의 관계가 됐다.

36 세 명의 국가 원수를 위한 수프
1943

전쟁 발발 4년째. 1943년 2월 2일 종식된 스탈린그라드 전투, 7월에 끝난 쿠르스크 전투는 전쟁에서 전략적 전환점이 됐다. 연합군은 독일군의 전진을 막았을뿐더러 동부 전선까지 밀어내 후퇴시키기 시작했다. 시칠리아 상륙작전은 이탈리아를 곧바로 휴전협정으로 몰아갔고, 독일군은 즉시 이탈리아 반도를 침공해 연합군을 몬테카시노에 가둬놓았다. 이제는 다른 세상이 올 것 같은 조짐이 보였다.

처칠은 루스벨트 대통령과 스탈린에게 제1차 3자 회동을 런던에서 열자고 제안했다. 회담 원칙에 대해서는 합의를 이뤘으나 스탈린은 소련과 영국이 공동 점령한 이란의 테헤란에서 회담을 개최하자고 했다. 테헤란은 영국에도 소비에트 연방에도 편치 않은 곳이었으나 스탈린은 이런 제안을 한 것이다.

11월 28일부터 12월 1일까지 세 명의 국가 원수는 이란의 수도에서 회동했다. 당시 양국의 점령으로 의전 역할이나 할 정도로 그 존재가 미미했던 젊은 통치자 모하마드 레자 팔라비는 들러리에 불과했고, 심지어 회담 개최를 기념하는 연회에도 초대받지 못했다.

회담에서는 당연히 앞으로 전개될 군사 작전이 논의됐다. 오버로드 작전[1]이 이때 결정됐고, 처칠은 스탈린에게 유고슬라비아 군주의 군대인 체트닉스가 아니라 요시프 브로스 티토 지지파를 옹호한다고 입장을 밝혔다. 그렇게 전후에 등장할 세계의 판도가 결정됐다. 루스벨트 대통령의 제안에 따라 새로 성립될 국제기구의 원칙이 채택됐다. 점령지 곳곳에서 독일은 분령됐고 동 프러시아의 소련 합병도 결정됐다. 한편 폴란드 국경은 모호한 상태로 남았는데, 이는 스탈린의 탐욕이 강하게 작용한 탓이었다.

3국의 지도자는 각기 자신의 힘과 비전, 영향력을 과시하면서 협상에 임했다. 회담이 열린 사흘 동안 매일 저녁 한 명의 국가 원수가 돌아가면서 호스트가 돼 연회를 개최했다. 첫날은 루스벨트 대통령이 디너파티를 주최했다. 기억에 남을 만한 요소는 거의 없었다.

11월 29일, 스탈린 주최로 열린 두 번째 만찬의 메뉴에 관해서는 자세한 자료를 구할 수 없었지만, 독일군 포로 5만 명이 소련에서 처형됐다는 소식에 건배를 제안했을 때, 주최자와 처칠 사이 설전이 있었다고 한다. 처칠은 스탈린이 사과하고 그를 만류할 틈도 주지 않고 연회장을 떠났다. 마지막 날 만찬 주최자는 처칠이었다. 이날은 꽤 의미 있는 날이었다. 11월 30일은 바로 처칠 총리의 69번째 생일이었다. 식사 메뉴는 비교적 간단했지만 파티는 성대했다. 페르시아식 수프, 카스피해 연안에서 잡은 브라운 송어, 칠면조, 페르시아식 랜턴 아이스크림 디저트, 치즈 수플레 등이 나왔다. 저녁식사 중 해프닝이 있었다. 페르시아 랜턴은 아이스크림 안에 초를 넣어 표면을 통해 불꽃이 보이게 한 디저트였다. 스탈린이 연설을 하는 사이에 나온 이 독특하고 아름다운 디저트에 매료된 종업원은 쟁반을 똑바

---

1) operation Overlord : 노르망디 전투에 대한 암호명으로, 연합국이 제2차 세계대전의 서부전선에서 성공적으로 마친 작전. 노르망디 상륙작전을 포함해 궁극적으로 프랑스 전역을 탈환하기 위한 작전이었다.

로 들지 못했고, 촛불이 든 아이스크림을 떨어트리면서 불은 스탈린의 통역사 블라드미르 니콜라이에비치 파블로브의 머리카락에 옮겨 붙었고, 하객들은 폭소를 터뜨렸다.

페르시안 누들 수프
Soupe persane(ash reshteh)

- 병아리콩 75g
- 붉은 강낭콩(키드니 빈) 75g
- 양파 큰 것 1개
- 식용유 3테이블스푼
- 고수 25g
- 파슬리 25g
- 딜 25g
- 소금 1자밤
- 강황가루 1테이블스푼
- 녹색 렌틸콩 75g
- 마늘 1톨
- 민트 잎 말린 것 2테이블스푼
- 누들 파스타 또는 링귀니 150g
- 요거트 2테이블스푼

병아리콩과 강낭콩은 12시간 동안 물에 담가 불린다.

양파는 잘게 다져 식용유 2테이블스푼을 달군 팬에 넣고 노릇한 색이 날 때까지 볶는다. 허브를 잘게 다져 넣는다. 소금으로 간을 하고 강황가루를 넣은 다음 1분간 더 볶는다. 물 1리터와 불려 건져둔 콩을 모두 넣는다. 끓기 시작하면 뚜껑을 덮고 약불로 1시간 정도 익힌다. 다진 마늘에 기름을 조금 넣고 노릇하게 볶아둔다. 말린 민트 잎도 마찬가지로 볶아둔다. 국수를 수프에 넣고 10분간 더 끓인다.

마늘과 민트를 얹고 요거트를 뿌려 서빙한다.

37 얄타 회담 식탁에 오른 중동의 꼬치 요리, 샤슬릭
1945

테헤란 회담이 열린 지 일 년이 조금 지나자 기대했던 것만큼 빠르지는 않았어도 상황에 꽤 많은 변화가 생겼다. 서부 전선에서는 프랑스가 거의 해방됐고, 독일군은 이탈리아에서 추방됐다. 하지만 라인강 전선에서는 답보 상태였다. 동부 전선에서는 소비에트 군이 빠른 속도로 진격해 1945년 2월에는 베를린까지 불과 수백 킬로미터밖에 남지 않은 거리에 있었다. 반면에 태평양 연안에서는 일본이 동남아시아와 폴리네시아에서 물러나긴 했지만 전쟁을 계속하겠다는 그들의 확고한 의지는 전혀 약해지지 않았고, 갈등 국면은 오래 지속될 것처럼 보였다.

몇 달 전만 해도 1944년 이후까지 계속되리라 생각하지 않았던 이 전쟁을 빨리 끝내고, 전후 지정학적 균형을 찾으려는 3국 국가 원수들의 새로운 회담이 개최됐다. 이 회담은 스탈린과 소비에트 연방이 주도했다. 그들은 유럽을 장악했고 연합국들은 아시아의 평화 정착을 위해서는 일본과의 전쟁에 소련의 개입이 필요하다는 데 의견을 모았다.

스탈린은 테헤란 회담 이후 좋지 않은 기억이 남았는데, 그것은 난생처음 비행기를 탔던 경험이었다. 그는 이런 경험을 다시는 반복하고 싶지 않아서 자국 영토인 크림 반도의 얄타 해수욕장을 회담 장소로 정했다.

이 회담의 결과는 잘 알려졌다. 소비에트 연합은 독일이 항복한 지 3개월 만에 일본과 벌이는 전쟁에 합류했고, 유럽은 영향력이 있는 지역을 중심으로 분할됐다. 독일은 3개 지역으로 나뉘어 점령됐다(포츠담 회담에서 4개 지역으로 바뀐다). 또한 폴란드 국경은 서쪽으로 이동했는데, 소비에트 연방에는 긍정적으로, 독일에는 부정적인 결과를 가져왔다.

이런 회담 진행은 미국인들이나 영국인들에게 무척 고통스러운 일이었다. 아직 전쟁이 한창인 유럽 대륙을 통과해 간다는 것은 지병을 앓던 루스벨트 대통령에게는 견디기 힘든 일이었고, 이 과정에서 몸이 매우 쇠약해진 순간도 있었다. 그는 이 회담이 끝난 뒤 불과 2개월 후에 사망했다. 게다가 얄타는 해수욕장으로서도 그리 멋진 곳은 아니었다. 광산과 난파선 잔해 등으로 항구는 제대로 기능하지 못했다. 또한 미국과 영국 선박은 그곳에서 90킬로미터 떨어진 세바스토폴에 정박해야 했으므로 처칠 총리와 루스벨트 대통령은 본국과의 소통에도 어려움을 겪었다.

처칠은 이곳을 "발진티푸스 예방에 좋을 정도, 그러나 머릿니에는 치명적일 정도의 위스키가 있어야만 살아남을 수 있는 하데스(Hadès, 저승의 신)의 리비에라"라고 묘사했다. 회담은 6일간 계속됐는데, 공식적인 만찬은 3번에 그쳤다. 루스벨트가 주최했던 첫 번째 연회와 처칠이 주최했던 마지막 저녁식사는 그 차이가 엄청났다. 첫 번째 만찬에서 물론 캐비아와 보드카가 나오기는 했으나, 나머지는 미트로프나 남부식 프라이드치킨 등 전형적인 미국 메뉴였다. 반대로 영국 총리가 개최한 디너에는 청어, 연어, 홀스래디시를 곁들인 새끼 돼지 요리 등 현지 특산 요리가 대부분이었다. 미국식 메뉴는 얄타에 문화적 충격을 남긴 반면, 처칠이 제공한 메뉴는 개성 있는 우아함으로 남았다. 심지어 조지아인인 스탈린에게 그 지역 특선 음식인 양고기 케밥, 샤슬릭까지 대접했으니 말이다.

양고기 케밥, 샤슬릭

Chachlik de mouton

- 뼈를 제거한 양 뒷다리 고기 1kg
- 파슬리 1단
- 딜 1단
- 샬롯 4개
- 마늘 4톨
- 레드와인 식초 200ml
- 석류즙 200ml
- 올리브오일 100ml
- 통후추 4테이블스푼
- 굵은 소금 4테이블스푼

샷시비(satsivi) **소스 :**

- 마늘 2톨
- 샬롯 1개
- 호두살 250g
- 잘게 다진 차이브(서양실파) 2테이블스푼
- 고수 1단
- 레몬 2개
- 달걀노른자 2개
- 사프란 1자밤
- 파프리카 가루 1/4티스푼
- 계핏가루 칼끝으로 아주 조금

- 통후추 4알
- 소금 1자밤
- 닭 육수 250ml
- 양파 6개

하루 전날 양고기의 기름을 제거한 뒤 굵은 큐브 모양으로 썰어 큰 볼에 담아 놓는다. 파슬리, 딜, 샬롯을 잘게 다지고, 마늘은 곱게 으깬다. 다진 허브와 샬롯에 마늘, 석류즙, 올리브오일, 후추, 소금을 넣고 잘 휘저어 섞는다. 이 양념을 고기에 넣고, 필요하다면 물을 조금 넣어 자작하게 덮는다. 하룻밤 동안 재워둔다.

샷시비 소스를 만든다. 우선 절구에 마늘, 샬롯, 호두, 차이브, 고수를 넣고 곱게 찧는다. 레몬즙을 조금씩 넣고, 달걀노른자와 향신료를 넣는다. 아주 뜨거운 닭 육수를 넣으며 계속 찧어주며 섞는다. 소스를 나중에 데워야 할 경우, 직접 불에 끓여서는 안 되며, 반드시 중탕으로 데운다.

양파를 4등분한다. 고기와 양파를 번갈아가며 꼬치에 끼운다. 고기가 골고루 갈색이 나도록 그릴에 굽는다. 꼬치에서 뺀 고기에 다진 고수를 뿌려 즉시 서빙한다. 소스는 따로 낸다.

38 에티오피아 황제의 시원한 음식
1959

1959년 에티오피아의 황제 하일레 셀라시에 1세가 프랑스를 방문했을 때 그는 마지막 해를 조용히 보내게 되리라는 사실을 몰랐다. 드골이 대통령에 취임한 지 불과 7개월밖에 되지 않았을 때였다. 황제는 프랑스 대통령을 파리 주재 자국 대사관 만찬에 초청했다. 뜨거운 여름날 만난 두 정상의 사진을 보면 각자의 옷차림이 시선을 끈다. 샤를 드골 대통령은 연미복에 레종 도뇌르 메달을 목에 걸고 있고, 황제는 장식이 있는 제복을 입고 있다. 프랑스 혁명 기념일이 지난 지 겨우 4일 만에 개최된 이 연회 메뉴는 전통 프랑스 요리가 주를 이뤘다. 마드리드풍 더블 콩소메가 애피타이저로 나왔고, 이어서 벨 뷔 브라운 송어 요리, 루앙식 카나페, 체리를 곁들인 새끼 오리, 그리고 디저트는 라즈베리 파르페였다. 모든 메뉴에 정통 유럽식 특징이 있었는데, 이국적 인상을 받은 이유는 이 음식들을 외국 공관에서 대접받았다는 점이었다. 이런 메뉴 선택은 전후 몇 년간 프랑스 요리의 힘과 영향력을 여실히 보여준 사례였고, 정치와 사교의 가장 세련된 정수를 보여줬다고 할 수 있다.

콩소메와 카나페, 그리고 오리 요리로 구성된 메뉴는 여름날의 더위에 그다지 잘 어울리지는 않았다. 단지 디저트로 나온 심플한 소르베만이 청량감을 줬다.

그것은 과연 단순한 소르베였을까? 정확히 말하면 그렇지 않다. '파르페'란 일종의 아이스크림 케이크 같은 디저트를 말한다. 이것 또한 일반 아이스크림과 마찬가지로 달걀노른자를 재료로 사용하며, 제누아즈를 만들 때처럼 곱고 미세한 거품이 일 때까지 거품기로 오래 휘젓는다. 그러나 일반 소르베나 아이스크림과 달리 이렇게 휘핑한 혼합물을 아이스크림 메이커에 넣어 돌리지는 않는다.

라즈베리 파르페
Parfait aux framboises

바닐라 크림 혼합물 :
- 우유 250ml
- 설탕 200g
- 통통한 바닐라 빈 1줄기
- 달걀노른자 6개

라즈베리 소르베 :
- 생 라즈베리 500g
- 보메 비중계 농도 28°b의 시럽 450ml
  (물 400에 설탕 400g를 넣고 끓여 완전히 녹인다)
- 휘핑한 크림 250g

크림 휘핑용 볼을 미리 냉동실에 넣어둔다.

우유에 설탕의 분량 반과 길게 갈라 긁은 바닐라 빈과 줄기를 모두 넣고 가열한다. 끓으면 바로 불을 끄고 30분간 향이 우러나게 둔다. 달걀노른자와 나머지 설탕을 거품기로 재빨리 저어 색이 연해질 때까지 잘 혼합한다. 이 혼합물에 뜨거운 우유를 한 국자 떠 넣어 잘 섞은 뒤, 다시 전부 우유 냄비에 옮겨 넣는다. 불에 올리고 계속 저으면서 가열한다. 끓으려고 거품이 올라오기 시작하는 순간 바로 불에서 내린다.

라즈베리 소르베를 만든다. 라즈베리 500g을 믹서에 간 뒤 시럽(물 400ml, 설탕 400g) 450ml와 혼합해 소르베 기계에 넣고 돌린다. 거품기를 장착한 전동 믹서 볼에 바닐라 파르페 재료 혼합물을 넣고 중간 속도로 10분간 돌려 식힌 다음, 가장 느린 속도로 20분간 더 돌린다. 혼합물이 제누아즈와 같은 질감을 갖게 된다. 냉장고에 1시간 넣어둔 다음, 차갑게 휘핑한 크림과 섞어준다.

홀 케이크 틀에 파르페 혼합물을 한 겹 깔아준 다음 소르베를 한 겹 놓는다. 이 작업을 반복해 쌓은 다음 바로 냉동실에 넣어 최소 3시간 얼린다.

39 새로운 대통령, 육즙 소스를 곁들인 본 인 립아이

1961

선거는 박빙이었다. 1960년 11월 8일 단 12만 표 차이로 가톨릭 민주당의 신생 후보는 공화당 후보를 꺾고 승리했다. 존 피츠제럴드 케네디는 리처드 닉슨을 간발의 차로 물리치고 미국 역사상 가장 젊은 대통령이 됐다. 미국은 데탕트를 원했고 흑인과 백인의 평등을 신봉하기 시작했으며, 좀 더 높은 목표를 향하게 됐다. 미국인은 새로운 희망을 품었고, 쿠바 피그스만 침공 사건[1]이나 댈러스의 충격이 기다리고 있다는 사실을 몰랐던 시절, 미래는 자신감과 확신에 찬 미국을 찬양하는 것만 같아 보였다.

이처럼 행복에 취한 상태는 두 달이 조금 지난 뒤에 정점에 다다랐다. 1월 19일 프랭크 시내트라와 피터 로포드는 이 젊고 멋진 새 대통령의 취임을 기념하는 무도회 개최를 기획했고, 할리우드와 브로드웨이 스타들이 대거 참여했다.

대통령 당선자 케네디는 아버지의 조언에 따라 새미 데이비스 주니어에게 이 행사에 오지 말아달라고 당부했는데, 이는 스웨덴 여인과 결혼한 이 흑인 유대인 스타에 대한 부정적인 평가가 두려웠기 때문이었다. 행사

---

1) 피그스만(The Bay of Pigs) 침공 : 1961년 4월 16일에 쿠바 혁명정권 카스트로가 사회주의 국가선언을 하자 다음날인 4월 17일 미 중앙정보국(CIA)이 주축이 돼 쿠바 망명자 1500명으로 '2506 공격여단'을 창설해 쿠바를 침공한 사건.

당일, 눈보라가 몰아쳐서 도시는 마비되다시피 했다.

그래도 20일로 예정된 취임식은 강행됐다. 행사의 시작은 파격적이었다. 본 식이 열리기 전에 잭(JFK의 애칭)은 미사에 참석해 아직도 WASP(White Anglo-Saxon Protestant, 백인 앵글로색슨 개신교)가 우세하고, 때로는 아일랜드 가톨릭의 선거가 아직도 제대로 이뤄지지 않는 이 나라에서 자신이 천주교도임을 확인하는 의식을 거친다. 이어서 국회의사당에서 취임식이 거행된다. 영하 6도의 추운 날씨였지만 케네디 대통령은 코트를 입지 않았다. 선서문을 낭독하고 군중을 향해 돌아선 그는 간결하고도 효율적인 취임사를 연설한다. 이는 미국 역사상 가장 짧지만 권력과 의무 사이의 관계에 바탕을 둔 명연설 중 하나가 됐다. "국가가 당신을 위해 무엇을 할 수 있는지 묻지 말고, 당신이 국가를 위해 무엇을 할 수 있는지 생각하시오", "두려움 때문에 협상하지 맙시다, 하지만 협상하는 데 두려움을 갖지는 맙시다." 등 그가 남긴 명언을 봐도 이 새로운 대통령이 앞으로 만들려는 미래는 분명히 다른 세상이었다. 이날 취임식에서 연주된 음악은 레너드 번스타인이 작곡한 팡파르 군악곡이었다. 번스타인은 당시 미국에서 가장 유명한 작곡가 겸 지휘자로 명성을 날리고 있었다.

놀라웠던 사실은 대통령이 정치적 전통과 단절하겠다는 의사를 공표했던 것과 달리, 이날 상원 의회 레스토랑에서 하객들에게 제공됐던 점심 식사 메뉴는 전통적인 것들로 토마토 수프, 크랩 케이크, 데친 랍스터 요리, 육즙 소스의 본 인 립아이 스테이크, 그린 빈스와 토마토 볶음, 자몽 아보카도 샐러드와 파티스리였다. 미래에 어떤 격랑이 다가올지언정 국가의 기반을 존속시켜야 한다는 의지가 깃들어 있는 것 같았다.

본 인 립아이 구이와 육즙 소스

Carré de côtes de boeuf au jus

- 질 좋은 레드와인 2병
- 소고기 육수 1리터
- 레드 포트와인 500ml
- 마늘 7톨
- 샬롯 큰 것(세로로 이등분한다) 1개
- 월계수 잎 2장
- 타임 말린 것 3티스푼
- 뼈에 붙은 소 꽃등심(본 인 립아이) 덩어리 3kg짜리 1개
- 소금
- 후추
- 파슬리

레드와인과 소고기 육수, 포트와인, 마늘 3톨, 샬롯, 월계수 잎, 타임 1티스푼
을 큰 소스팬에 넣고 끓여 약 500ml가 될 때까지 졸인다(약 1시간 정도). 원뿔체
나 고운 면포에 거른다. 컨벡션 오븐을 220℃로 예열한다. 나머지 마늘을 곱게
으깬다. 고기 덩어리에 마늘과 나머지 타임을 발라 문지르고, 소금과 후추를
넉넉히 뿌려 간한다. 오븐용 로스팅 팬에 뼈가 아래로 가게 놓고 1시간 동안 굽
는다. 알루미늄 포일을 덮은 다음 20분 정도 더 익힌다. 고기를 꺼내고 로스팅
팬의 기름을 제거해 낸 다음 졸여둔 와인 소스를 붓고 디글레이즈한다. 바닥에
눌어붙은 육즙을 잘 긁어 저으면서 소스를 센 불에 끓인다. 본 인 립아이의 뼈
를 따라 한 대씩 자르고, 파슬리를 곁들여 서빙한다. 소스는 따로 낸다.

40 재클린 케네디의 프랑스 방문
1961

어디에서도, 설사 잠자리에서도 비밀은 절대 이야기해서는 안 된다. 그 증거가 여기 있다. 1961년 5월 재클린 케네디는 대통령인 남편과 함께 프랑스 공식 방문길에 올랐다. 그녀의 명성은 실로 대단했으며, 모든 언론은 그녀의 행적을 밀착 취재해 일거수일투족을 기사화했다. 그렇게 사람들은 그녀의 다이아몬드를 기억하고, 샤를 드골 대통령이 엘리제궁 만찬에서 그녀에게 대접한 카나페를 기억한다. 이날 메뉴에는 파리 스타일 바닷가재 요리, 오를로프 송아지 안심, 젤리로 차게 굳힌 페리고르산 푸아그라, 샐러드, 멜론 안에 든 디저트가 나왔다. 대통령궁 요리의 정수를 보여준 메뉴였다. 와인은 1953년산 게부르츠트라미너, 1952년산 본 그레브, 그리고 1952년산 샴페인 멈 코르동 루즈를 냈다.

이후 몇 년이 지난 뒤 재클린은 역사학자 아서 슐레진저에게 다음과 같이 고백했다. "내가 잭과 결혼했을 때만 해도 나에게 드골은 영웅이었다." 시작은 좋았다. 하지만 불행하게도 "그는 너무도 무례했다."라고 그녀는 당시 프랑스 방문을 회상하며 말했다. 마지막에는 "나는 프랑스인들이 너무 싫다. (⋯) 그들은 친절하지도 않고 오로지 자신밖에 모른다."라고 덧붙였다.

그러나 그때 나온 프랑스 음식들은 정말 맛있었다.

파리 스타일 바닷가재 요리
Langoustes à la parisienne

- 닭새우 바닷가재(1.5~2kg짜리) 1마리
- 굵은 천일염
- 부케가르니 1개

- 신선한 달걀노른자 1개
- 머스터드 1티스푼
- 고운 소금
- 검은 통후추 간 것
- 해바라기유 250ml
- 인스턴트 젤리파우더 소포장 1봉지

바닷가재를 넓적하고 긴 판자에 납작하게 놓고 더듬이는 뒤쪽으로 접어놓은 채 끈으로 단단히 묶는다. 큰 냄비에 물을 채우고 굵은 소금을 한 줌 넣은 뒤 가열한다. 끓으면 부케가르니를 넣고, 펄펄 끓는 물에서 바닷가재를 15분간 익힌다. 바닷가재를 건져 묶여진 그대로 식힌다. 머리를 아래쪽으로 해 물을 털어낸다.

레물라드(rémoulade)를 만든다. 달걀노른자와 머스터드, 소금, 후추를 볼에 넣고 잘 혼합한다. 해바라기유를 한 방울씩 넣어주며 거품기로 계속 저어 마요네즈를 만든다. 젤리파우더의 사용설명서에 따라 즐레(gelée)를 만든다. 즐레가 어느 정도 굳으면 2~3스푼을 마요네즈에 넣어 잘 섞는다. 바닷가재가 식으면

끈을 푼다. 껍질을 벗기고 살을 꺼낸 다음 동그란 모양으로 슬라이스한다. 나머지 자투리 살은 작은 큐브로 썰어 레물라드 소스와 섞어준다. 이것을 라므켕 (ramekins, 수플레 등을 만드는 데 사용되는 둥글고 깊은 용기)에 나누어 놓은 후 냉장고에 넣어 굳힌다.

큰 접시에 바닷가재를 보기좋게 놓고 레물라드를 곁들여 서빙한다.

41 록, 팝송 그리고 미모사 에그
1965

"엘비스 프레슬리의 음악을 듣기 전에는 어떤 것도 내게 진정한 감동을 주지 못했다. 엘비스가 없었다면 아마도 비틀스도 없었을 것이다." 존 레논은 이렇게 말했다. 하지만 실제로 이런 흠모가 상호적으로 이뤄지진 않았다. 1964년 비틀스의 첫 번째 미국 공연 당시 이 멋진 F4(Fabulous Four) 꽃미남들은 록의 제왕 엘비스와 만나지 못했다. 1965년 두 번째 공연 때는 운이 조금 좋았다. 당시 그의 실패작 영화 중 하나인 「프랭키와 자니」를 촬영 중이었던 엘비스는 8월 27일 비틀스 멤버들을 초대했다. 때마침 그들은 캘리포니아에서 며칠간 휴식을 취하고 있던 터였다.

대중 음악계 거장들의 만남은 저녁 늦게, 10시가 조금 지난 시각에야 이뤄졌다. 영국에서 온 젊은 라이벌 청년들이 그 집의 넓은 거실에 들어섰을 때 엘비스는 무음 상태로 켜 놓은 텔레비전 앞에서 자기 밴드에 둘러싸여 조용히 기타를 연주하고 있었다. 완벽하게 계산된 연출이었다. 비틀스 멤버들은 놀라서 말없이 앉아 있었고, 엘비스는 그들을 향해 말했다. "거기 그렇게 앉아서 나를 쳐다보기만 할 거라면 난 자러 가겠소." 곧 어색한 분위기는 사라졌고, 기타를 받아든 비틀스와 엘비스, 다섯 뮤지션은 실라 블랙의 「유 아 마이 월드(You're my world)」를 연주하며 함께 노래를 불렀다.

곧 자정이 됐고, 노래를 마친 스타들은 출출해졌다. 엘비스의 요리사였던 알베나 로이가 필요한 순간이었다. 하지만 아무리 요리의 달인인 그녀라고 해도 그처럼 늦은 시각에 갑자기 요리를 만들어내는 것은 힘든 일이었다. 영국의 꽃미남 네 명과 록의 제왕 엘비스가 그날 함께 나눠 먹은 음식은 베이컨으로 말아 구운 닭 간, 새콤달콤한 미트볼, 미모사 에그, 게, 각종 햄과 콜드컷, 치즈, 과일 등 희한하게도 시골 역 간이식당에서나 나올 법한 메뉴였다.

미모사 에그
OEufs mimosa

- 달걀 7개
- 머스터드 1티스푼
- 소금
- 후추
- 식용유 200ml
- 애플사이더 식초 또는 레몬즙 1티스푼
- 파프리카 가루

끓는 물에 달걀 6개를 넣고 10분간 삶는다. 그동안 나머지 달걀 하나를 흰자와 노른자로 분리해둔다. 흰자는 보관했다가 다른 레시피에 사용한다. 달걀노른자와 머스터드, 소금, 후추를 볼에 넣고 거품기로 잘 섞는다. 식용유를 조금씩 넣어주며 거품기로 계속 혼합해 마요네즈를 만든다. 식초나 레몬즙을 넣고 섞는다. 완성된 마요네즈를 60ml만 덜어 놓고, 나머지는 나중에 사용한다. 삶은 달걀 6개는 찬물에 넣어 식힌 뒤 껍질을 벗기고 세로로 이등분한다. 노른자를 꺼내 으깬 뒤 마요네즈를 넣고 버무린다. 이것을 작은 스푼이나 깍지 낀 짤주머니를 이용해 흰자 안에 채워넣는다. 파프리카 가루를 뿌려 서빙한다.

42 젓가락, 내장 볶음과 목이버섯으로 데탕트를 끌어내다
1972

1968년 5월 프랑스 학생운동의 열풍이 사라지자, 더 공정하고 열린 세상을 갈망하는 꿈도 희미해지는 듯했다. 당시 국제정치 무대에는 1968년 가을 대통령에 당선된 미국의 리처드 닉슨, 소비에트 연방 공산당 중앙 위원회 제1서기장 레오니트 브레즈네프가 한가운데 서 있었고, 중국에서는 문화 대혁명이 한창 진행 중이었으며, 베트남 전쟁은 진척 없이 지루한 국면을 이어가고 있었다. 이 모든 상황은 국제정세의 경색을 예고하는 듯했다. 동시에 그 이면에서는 위험이 아주 가깝게 감지되고 있었기에 외교가들의 활동도 신속해졌다. 겉으로는 상대에 대해 서로 부정적인 태도를 보였던 두 진영, 즉 헨리 키신저가 외교 선봉에 선 미국과 당시 중국 공산당 총리였던 저우언라이가 대표하는 중국은 긴밀하게 협상을 시작했고, 실리를 강조한 '리얼폴리틱(Realpolitik)'이 양 진영의 이상주의를 대체했다. 이런 상황에서 1971년 나고야에서 열린 세계 탁구 선수권 대회 이후 두 나라 탁구팀의 만남은 핑퐁 외교의 출발점이 됐다.

마침내 생각지도 못했던 일이 일어났다. 1972년 2월 21일부터 28일까지 닉슨 대통령은 중국을 방문해 노쇠해가는 최고지도자 마오쩌둥과 미중 정상회담을 하게 된다. 중국 측은 최고의 예우를 갖춰 미 대통령의 공식 방문을 세심하게 준비했고, 저우언라이 총리는 첫날 저녁부터 미 대통령을 위해 호화로운 만찬을 베풀었다. 자금성 바로 옆에 있는 톈안먼 광장의 인민대회당에서 거행된 국빈 만찬 장면은 시차에도 불구하고 전 세계 수백만 시청자에게 생중계됐다.

만찬 메뉴는 독특했다. 중국 측 요리사들은 국빈으로 방문한 손님들을 위해 그들의 입맛에 맞는 몇 가지 요리를 추가했다. 수십 년간 실제로 존재하지 않았던 양국 간 문화교류만큼이나 칭송할 만한 도전이었다. 미국인들이 새우를 좋아하리라고 짐작한 요리사들은 베이징식 요리에 거의 등장하지 않는 새우 요리를 두 가지 준비했다. 물론 빵과 버터도 식탁에 올렸다. 그 밖에 오리 내장 볶음, 상어 지느러미 수프, 갓과 목이버섯 등의 베이징 전통 요리들이 등장했다.

음료는 끓여서 식힌 물과 오렌지 주스, 와인, 그리고 저 유명한 마오타이주가 나왔다. 수수로 빚은 이 전통 고량주는 도수가 매우 높아 익숙하지 않은 사람들에게는 '목넘김'이 불타듯 날카롭고 메마르다. 중국 공산당 대장정의 기억이 떠오르기도 하는 이 술은 소독약이나 알코올처럼 강한 독주다. 당시 대통령의 방중 기사를 실은 뉴욕 타임스 특파원은 마오타이주를 무첨가 석유 같다고 묘사했고, 순방을 준비했던 한 외교관은 닉슨 대통령에게 건배용으로 제안되는 어떤 음료도 마시지 말 것을 권했다고 한다.

그러나 닉슨 대통령은 자기가 받은 음료와 술을 주저 없이 마셨고(얼굴을 약간 찌푸리기는 했다), 음식도 능숙한 젓가락 솜씨를 발휘하며 먹었다. 단지, 내장 볶음만은 꺼리는 기색을 보였다. 중국 순방과 국빈 만찬의 결과는 미국 내 대도시 중국 레스토랑들의 성공으로 이어졌고, 특히 정통 베이징 요리는 전보다 더 큰 인기를 누렸다.

목이버섯과 갓을 곁들인 오리 내장 볶음

Abats de canard frits, champignons noirs aux feuilles de moutarde

- 오리 내장(모래집, 염통) 750g
- 간장 2티스푼
- 설탕 1/2티스푼
- 흰 통후추 간 것 1/2티스푼
- 카옌 페퍼 1자밤
- 치킨스톡 고체형 큐브 1개
- 녹색 갓(chinese mustard 芥菜), 또는 근대 잎 500g
- 목이버섯 말린 것 큰 것 8개
- 오리 기름 2테이블스푼
- 옥수수 전분 2테이블스푼
- 식용유 1테이블스푼
- 소금 1티스푼
- 굴소스 1티스푼

내장을 깨끗이 씻는다. 끓는 물 1리터에 내장을 넣고 데친 뒤 재빨리 찬물에 넣어 식힌다.

팬에 간장, 설탕, 후추, 카옌페퍼, 고체형 닭 육수를 넣고 가열한다(소금은 따로 넣지 않아도 된다). 양념이 끓어오르면 데쳐놓은 내장을 넣고 고루 코팅되도록 잘 섞는다. 뚜껑을 덮고 약한 불에서 15분간 익힌다. 중간중간 고루 저어준다. 식힌다(내장 볶음은 차게 먹는다. 아마도 닉슨 대통령은 이 점에 더더욱 깜짝 놀랐을 지도 모른다).

갓은 5cm 폭으로 썬다. 목이버섯은 따뜻한 물에 넣어 20분간 불린 다음 꽉 짜고, 불린 물은 따로 보관한다. 버섯을 4등분으로 잘라 오리 기름을 묻히고 옥수수 전분 1테이블스푼을 고루 뿌린다. 나머지 옥수수 전분을 닭 육수에 넣고 잘 저어 완전히 녹인다. 기름을 데우고 버섯을 1분간 튀기듯 볶는다. 소금과 굴 소스를 넣고 1분간 더 볶는다. 전분을 풀어놓은 닭 육수를 붓고 갓을 넣는다. 계속 팬을 흔들어 섞으며 3분간 볶는다. 뜨겁게 서빙한다.

43 지루한 잡담
1974

　1975년 요리사 폴 보퀴즈(Paul Bocuse, 1926~2018)는 프랑스 정부로부터 레종 도뇌르 기사장을 받았다. 이런 영광스러운 서훈의 대상이 된 요리사는 그가 처음은 아니다. 오귀스트 에스코피에가 이미 훈장을 받은 바 있다. 둘 다 군대 훈장 수여자이기도 한데, 에스코피에는 1870년 보불전쟁 때 세운 공로로, 폴 보퀴즈는 제2차 세계대전 참전의 공로를 인정받아 훈장을 받았다. 영예로운 수상식을 계기로 보퀴즈가 원했던 것은 무엇일까? TV 방송 프로그램에 초대된 그는 대통령이 거주하는 엘리제궁 연회장에서 열리는 성대한 만찬보다는 가까운 친구들과 소박한 점심식사를 했으면 좋겠다고 했다. 특히 엘리제궁 요리장 미셸 르 세르보(Michel Le Servot)도 함께했으면 좋겠다고 귀띔했다. 이날 행사에는 트루아그로(Troisgros) 형제, 미셸 게라르(Michel Guérard), 알랭 샤펠(Alain Chapel), 루이 우티에(Louis Outhier), 로제 베르제(Roger Vergé), 샤를 바리에(Charles Barrier), 폴과 장 피에르 애베를랭(Paul et Jean-Pierre Haeberlin), 모리스 베르나숑(Maurice Bernachon), 피에르 라포르트(Pierre Laporte) 등 누벨 퀴진을 주창하고 당대에 명성을 날리던 재능 넘치는 요리사 친구들이 함께했다.

　여기에 주간지 『렉스프레스(L'Express)』의 음식평론가 클로드 졸리가 합세했다. 여성은 단 두 명, 폴 보퀴즈의 부인과 영부인뿐이었다.

그가 초대한 요리사들은 각자 분야별로 작업했다. 보퀴즈는 애피타이저, 트루아그로 형제는 생선 요리, 미셸 게라르는 가금류 요리, 로제 베르제는 샐러드, 마지막으로 모리스 베르나숑은 디저트를 맡았다. 이들이 선보일 누벨 퀴진 메뉴는 이미 정해져 있었다. 트루아그로 형제를 대표하는 클래식 요리인 소렐 소스를 곁들인 연어 스테이크(이것은 이후 많은 레스토랑에서 여러 형태로 모방되기도 했는데, 때로는 너무 과장돼 오히려 역효과를 내기도 했다)와 '클로드 졸리식' 오리 요리(오리 안심살과 푸아그라를 교대로 넣고 즐레를 곁들인 것으로 햄버거와 비슷하다)가 메인 코스였다. 이 밖에 애피타이저와 디저트에서도 새로운 요리 두 가지를 선보였다. 디저트는 플레인 스펀지에 셰리와인에 절인 체리와 초콜릿 가나슈 크림을 채운 케이크였다. 케이크 겉면에는 꼬불꼬불 말린 초콜릿 셰이빙을 덮어 시각적 세련미를 한층 더했다. 애피타이저는 이날의 주인공인 훈장 받은 요리사가 개발한 메뉴인 송로버섯 수프였다.

돌아보면 1974~1975년 겨울에는 비가 유독 많이 내렸다. 송로버섯 수확도 어느 때보다 풍성했다. 송로버섯을 납품하던 귀요와 뒤마 씨는 가격이 낮아지자 불평을 늘어놓았다. 그해 겨울 폴 애베를랭을 방문해 함께 사냥한 보퀴즈는 브리야 사바랭이 '검은 다이아몬드'라고 부른 이 귀한 버섯을 사용해 단순한 조리법으로 만들어준 요리를 맛볼 수 있었다. 작은 그릇에 넣고 다른 보조 재료 없이 푀유타주 파이 반죽을 씌워 오븐에 구워낸 요리였다. 이 요리를 맛본 보퀴즈는 동료 요리사에게 칭찬을 아끼지 않았다. 애베를랭은 닭고기를 넣은 푀유타주 반죽을 덮어 구워내는 전통 타르트인 치킨 파이에서 영감을 얻은 것뿐이라고 고백했다. 형태는 다소 차이가 있지만 이와 비슷한 아이디어는 에스코피에의 조리법에서도 찾아볼 수 있다. 보퀴즈는 송로버섯을 가늘게 갈아 오믈렛에 넉넉히 넣거나 수프에 넣어 먹거나 간단히 채소에 살짝 얹어 먹는 방법을 떠올렸다. 보퀴즈는 그때부터 재료로는 송로버섯을, 조리법으로는 수프를, 그리고 그의 새로운 아이디어로는 푀유타주를 적용하기 시작했다.

이렇게 개발한 요리를 가장 먼저 시식한 이는 모레스텔의 제분업자 프랑수아 숄라였다. 그는 수프 그릇을 덮은 채 부풀어 있는 푀유타주를 깨고 맛을 봤다. 모든 요소가 무척 섬세했고, 맛도 일품이었다. 바삭하게 깨지는 페이스트리 덮개 덕분에 전에 맛보지 못한 새로운 미식의 즐거움을 느낄 수 있었고, 크러스트가 깨지면서 퍼지는 송로버섯의 풍미 또한 대단했다. 이 '트러플 수프'는 한 셰프의 영혼이 담긴 불멸의 시그니처 요리로 자리 잡게 됐다.

송로버섯 수프
Soupe aux truffes

- 닭 육수(또는 치킨스톡 고체 태블릿 2개)
- 소금
- 닭 가슴살 150g
- 셀러리악 100g
- 당근 2개
- 양송이 버섯(지름 3cm 정도 크기) 8개
- 생 송로버섯 80g(또는 익힌 송로버섯 120g)
- 익힌 푸아그라 60g
- 화이트 누아이(Noilly blanc 베르무트의 일종) 4테이블스푼

- 파트 푀유테 250g
- 달걀노른자 2개

물 500ml를 소스팬에 끓이고 치킨 스톡 큐브 2개를 넣어 녹여 닭 육수를 만든다. 닭 가슴살에 소금을 조금만 뿌려(닭육수에 이미 간이 돼 있다) 간을 한 뒤 닭 육수에 넣어 6분간 데쳐 건진다. 셀러리악과 당근은 씻어서 껍질을 벗겨 마티뇽(matignon, 작고 납작한 모양으로 주로 수프에 넣는 채소를 써는 방법이다)으로 썬다. 양송이 버섯은 머리만 떼어 마찬가지 크기(사방 약 1cm)로 썬다. 송로버섯은 얇게 저민다. 푸아그라는 큐브 모양으로 썬다.

수프 볼에 누아이를 1테이블스푼 넣은 다음 썰어둔 채소를 넉넉히 한 테이블스푼씩 넣는다. 여기에 잘라 놓은 푸아그라, 1cm 크기의 큐브로 썬 닭 가슴살, 얇게 저민 송로버섯을 넣는다. 닭육수 국물을 볼의 높이 1.5cm 남겨둔 지점까지 부어준다. 얇게 민 파트 푀유테 반죽을 원형으로 잘라(수프 볼의 직경보다 3~4cm 여유있게 자른다) 볼마다 씌워준다. 달걀노른자에 물 2티스푼, 소금을 넣고 풀어서 페이스트리 위에 붓으로 발라준다. 180°C로 예열한 오븐에 넣어 20분간 구워낸다. 파트 푀유테 크러스트가 너무 진한 갈색이 나지 않도록 주의한다. 오븐에서 꺼내 즉시 서빙한다.

흥미로운 미식 뒷이야기

금기

"게르망트 와인 저장고에 숨겨져 있던 샤토디켐 와인 중 하나를 마시며, 나는 공작께서 미묘하게 변경하신 레시피에 따라 조리한 멧새 요리를 맛보고 있었다. 그러나 이 신비스러운 비밀의 식탁에 앉아본 사람은 꼭 멧새 요리를 먹지 않아도 된다." 마르셀 프루스트가 쓴 『잃어버린 시간을 찾아서(A la recherche du temps perdu)』의 한 구절을 읽으며 멧새의 식용 소비가 법적으로 허용되고, 너무 자주 먹어 사양하는 일도 있었던 시절을 꿈꾸지 않은 사람이 있을까?

식재료 중에도 금기가 있다. 어떤 음식은 종교적·민족적 이유로 금지되고, 사회 통념상 돼지, 말, 개를 금기시하는 사례도 있다.

옛날에는 합리적이든 아니든 금지된 식재료는 대개 소비자 자신을 보호한다는 목적과 직접 관련이 있었다.

예를 들면 1920~1933년(아직도 미국의 남부 몇몇 지역에서는 여전히 유효하다) 미국에서는 금주령이 내려졌고, 1915~2011년 프랑스에서는 환각 증세를 일으키는 독성 물질이 함유된 압생트(absinthe, 쓴 쑥으로 만든 독한 술)가 금지됐다.

하지만 이 밖에도 미식가들을 괴롭히는 금지된 식재료들이 있다. 대부분 종을 보존해야 하는 희귀 동물이다. 오래된 예로 거북이를 들 수 있는

데, 오귀스트 에스코피에는 거북이 요리법을 만든 적도 있었다. 그러나 점점 재료를 구하기 어려워지자, 거북이 애호가가 많았던 영국에서는 송아지 머리가 이를 대신하곤 했다. 고래 고기는 현재 일본의 '과학적' 어획을 둘러싼 논쟁으로 가장 민감한 식재료다.

그러나 프랑스에서 미식가들에게 가장 중요한 식재료는 바로 멧새일 것이다.

법으로는 금지돼 있으나, 암암리에 꽤 많이 소비되고 있기 때문이다. 멧새는 단순히 식재료일 뿐 아니라 일종의 의식과 관련이 있다.

무엇보다도 포획하고, 준비하고, 조리하는 과정이 거의 하나의 의식이라고 할 수 있다. 멧새를 그물채로 생포하면 거의 같은 크기의 새장에 집어넣는다. 그러면 새는 꼼짝도 못 하고 머리만 삐죽 내밀게 된다. 그런 상태에서 곡식을 최대한 먹인다. 무게가 두 배가 될 때까지 계속해서 목구멍에 밀어 넣는다. 그리고 새를 도살하는데, 그 방법이 매우 독특하다. 즉 아르마냑에 담가 익사시키는 것이다. 이런 준비 과정을 거친 멧새를 익힌 뒤에 머리에 커다란 냅킨을 뒤집어쓰고 먹는다. 이런 짓을 하는 것은 다리를 제외하고 통째로 먹는 이 작은 새의 향을 온전히 흡입하기 위해서고, 또한 큰 뼈들을 발라 남들에게 보이지 않고 뱉어내기 위해서다. 멧새 요리는 무엇과도 비교할 수 없는 기쁨이고, 미각이 뛰어났던 프랑수아 미테랑 전 대통령도 이 기쁨을 잘 알고 있었다. 그는 자신의 마지막 식사를 마렌산 굴 30개, 푸아그라, 샤퐁 닭, 그리고 한 마리도 아닌 두 마리의 멧새로 만들어주기를 소원했다.

44 크리스마스 메뉴에 이구아나가 있나요, 총리님?
1975

 꽤 오래전 일로, 지엽적이지만 재미난 일화가 있다. 이 책의 두 저자 중 (더 매력적인) 한 사람은 1947~1955년 프랑스령 기아나의 초대 도지사를 지냈던 로베르 비뇽의 자서전 집필 작업에 참여하고 있었다. 그는 1962~1971년 상원의원을 지냈고, 1969~1976년 기아나의 아마존 심장부에 자신이 세운 마리파술라 자치구 시장을 역임했다. 이 지역에 자치 지구를 설립한 이유는 이니니 지역에 행정 센터를 지어, 기아나에서 가장 넓은 이 지역을 관할하는 데 있었다. 이름은 불분명하지만 예전 도지사로 알려진 자비에의 문헌 기록을 자세히 살펴보던 중에 프랑스 공화국 총리에게 대접한 기상천외한 메뉴를 발견했다.

 1975년 12월 자크 시라크 총리는 대규모 기아나 개발 프로젝트인 플랑 베르(plan Vert, 녹색 프로젝트) 계획을 발표하고, 이를 계기로 아름다운 영토인 기아나를 방문했다.

 로베르 비뇽은 이제 상원의원은 아니었지만, 그래도 당시 기아나에서 영향력 있는 주요 인사 중 한 사람이었다. 그가 프랑스 영토에서 가장 큰 지역인 이곳, 마리파술라에 총리 방문을 유치한 것이다. 이 지역의 면적은 프랑스의 칼바도스, 오른, 망슈 세 지역을 합친 총 면적보다 넓다. 게다가 접근성이 좋지 않아 기니아의 주도인 카옌에서 오려면 비행기를 타는 수밖에 없고, 생로랑 뒤 마로니에서는 카누를 타고 와야만 한다.

진행은 간단치 않았다. 그러나 본토의 총리가 아마존 밀림 한가운데를 직접 방문한다면 녹색 프로젝트의 의미는 더욱 강조될 것이 분명했다. 총리의 방문은 결국 현실이 됐다. 그것도 크리스마스이브인 12월 24일 저녁에 도착해 25일 연설을 하기로 계획돼 있었다. 오렌지색 셔츠를 입고 주머니에 담뱃갑을 꽂은 젊은 총리가 한더위에 연설하는 장면을 찍은 사진은 보기에 여전히 낯설다. 하지만 크리스마스 만찬 때 나온 음식을 보고 그가 보인 반응을 기록으로 남기지 않은 것은 아쉽다. 메뉴는 현지 특선 요리로, 풍부한 과일과 뿌리채소 그리고 이구아나로 구성됐다.

이구아나 프리카세
Iguane en fricassée

- 이구아나 4마리
- 레몬 2개
- 쥐똥고추 3개
- 마늘 9톨
- 양파 6개
- 올스파이스(piment de Jamaïque)
- 정향
- 식초 250ml
- 생강
- 식용유 1테이블스푼

- 설탕 1티스푼
- 부케가르니 1개
- 소금
- 후추

끓는 물에 이구아나를 넣어 데친다. 꼬리와 다리의 사향을 제거하고 토막낸 뒤 레몬으로 조각을 문지른다. 고추를 잘게 자르고 마늘은 껍질을 벗겨 짓이긴다. 양파는 얇게 썬다. 고추, 마늘, 양파, 올스파이스, 정향, 식초, 나머지 한 개의 레몬즙, 편으로 썬 생강을 모두 볼에 넣고 섞는다. 여기에 이구아나 조각을 넣고 상온에 2시간 재워둔다. 냄비에 식용유를 넣고 중불로 달군 뒤 설탕을 넣어 캐러멜라이즈한다.

재워둔 양념에서 이구아나 토막을 건져 냄비에 넣고 각 면당 10분씩 지져 익힌다. 재웠던 양념을 중간중간 끼얹어가며 익힌다. 물을 재료 높이까지 붓고, 끓기 시작하면 불을 줄인다. 뚜껑을 덮고 1시간 동안 뭉근히 익힌다. 부케가르니를 넣고, 간을 맞춘 다음 뚜껑을 열고 다시 20분간 약불로 익힌다.

45 대통령, 송아지 머리 요리, 광우병, 그리고 프랑스와 영국의 우정
1996

조르주 퐁피두 대통령은 소박한 서민 음식을 즐겨 먹었다고 알려졌다. 이런 식성이 자크 시라크와 가깝게 해주지는 않았겠지만, 그가 임명한 당시 35세의 총리 시라크의 소탈한 식성도 대통령의 식성과 비슷했다. 세월이 흘러 1992년 시라크는 그가 좋아하던 레스토랑 중 하나인 파리 마비용가에 있는 오 샤르팡티에에서 60세 생일 축하 파티를 겸해 저녁식사를 했고, 이 식당의 대표 메뉴인 송아지 머리 요리가 나왔다. 전설은 여기에서 탄생했다.

시라크는 능수능란한 수완에 감각이 뛰어난 노련한 정치가다. 그의 이미지는 전형적인 프랑스 요리뿐 아니라 친숙하지 않은 송아지 머리 요리 같은 음식에도 연결돼 있다. 그가 세련된 파리지앵 이미지를 강조하면서도 정치적 지역 기반인 코레즈에 뿌리를 두고 있음을 떠올리게 하는 대목이다. 코레즈가 있는 리무쟁 지역은 양질의 송아지 고기로 유명하다.

시라크는 그 후로 이 음식이 이렇게까지 자신의 이미지와 연결되리라고 예상했을까? 1995년 대통령 선거 유세 시절에 등장한 사과[1]보다도 더

---

1) 자크 시라크는 1995년 대통령 선거를 앞두고 출간한 자신의 저서 『모두를 위한 프랑스(La France pour tous)』의 표지에 사과나무를 넣었고, 방송 인터뷰를 통해서 본인은 사과를 아주 좋아한다고 말했다. 이를 계기로 그의 선거 캠페인 슬로건에도 사과나무 심벌을 사용하는 등 그의 당선에 사과 이미지는 긍정적인 역할을 했다.

시라크와 떼려야 뗄 수 없는 음식이 바로 송아지 머리 요리다. 당시에는 송아지 먹는 행동을 고운 시선으로 바라보지 않았다. 영국에서 광우병이 출현한 지 10년이 지났고, 유럽연합은 그 후로 젖 먹는 송아지들을 태어나자마자 도살할 것을 권했다. '젖 먹인 고기'의 대량 생산을 막으려는 조치였다. 게다가 1995년 광우병이 인간에게도 전염될 수 있다는 사실이 확인됐다.

그런데도 대통령은 위축되지 않았다. 1996년 위기 상황은 절정에 이르렀다. 프랑스는 제일 먼저 영국산 소고기 수입을 전면 금지했고, 유럽연합의 여러 국가도 이 조치에 동참했다. 같은 해에 그는 국빈으로 영국을 방문했다. 영국의 한 언론사 기자는 프랑스 대통령이 그토록 좋아하는 송아지 머리를 여왕도 즐겨 먹고 건강상 위험도 훨씬 적은 로스트비프로 대치해야 하는 것이 아니냐고 물었다. 시라크 대통령은 다음과 같이 대답했다. "왕실에서 소비하는 소고기를 얻으려면 우선 송아지가 있어야 합니다. 게다가 모든 송아지가 소가 될 때까지 자라는 것도 아니므로, 송아지도 먹어야 합니다. 그래서 송아지 머리를 먹는 것이 중요합니다."

소스 그리비슈 또는 소스 라비고트를 곁들인 송아지 머리 요리

Tête de veau, sauce gribiche ou sauce ravigote

- 송아지 머리 1개
- 식초 200ml
- 양파 1개
- 정향 2개

- 파슬리 1송이
- 밀가루 2테이블스푼
- 소금
- 후추

소스 라비고트 :
- 샬롯 6개
- 식초 100ml
- 처빌 다진 것 1테이블스푼
- 타라곤 다진 것 1테이블스푼
- 월계수 잎(부순 것) 1장
- 타임 1줄기
- 달걀노른자 3개
- 버터 60g

소스 그리비슈 :
- 달걀 3개
- 머스터드 수북하게 1티스푼
- 식용유(낙화생유, 카놀라유, 해바라기유) 450ml
- 식초 3테이블스푼
- 케이퍼 수북하게 1테이블스푼
- 코르니숑 오이피클 3개
- 파슬리 다진 것 1테이블스푼
- 타라곤 다진 것 1테이블스푼

식초 100ml를 넣은 찬물에 송아지 머리를 2시간 동안 담가둔다. 건져서 흐르는 물에 깨끗이 씻은 뒤 고운 면포로 싸고 주방용 실로 단단히 묶는다. 큰 냄비에 찬물을 넣고 식초 100ml를 넣는다. 껍질을 까고 정향 2개를 박은 양파와 파슬리를 넣어준다. 밀가루에 물을 조금 넣어 푼 다음 넣는다. 소금과 후추로 간을 한다. 송아지 머리를 넣고 가열한다. 끓기 시작하면 불을 줄이고 뚜껑을 닫은 채로 5시간 동안 익힌다.

소스 라비고트 만들기 : 껍질을 벗기고 잘게 다진 샬롯과 식초를 소스팬에 넣고 센 불에서 5~6분 가열해 졸인다. 다진 처빌과 타라곤, 부순 월계수 잎, 잎만 딴 타임을 넣고, 송아지 머리 삶은 물을 250ml 넣어 2~3분간 끓인다. 불에서 내린다. 달걀노른자를 푼 다음 국물을 조금 넣어 개어주고 이것을 소스에 넣어 완전히 섞이도록 리에종한다. 버터를 넣고 잘 저어 혼합한다. 소스를 서빙 전까지 중탕으로 따뜻하게 보관한다.

소스 그리비슈 만들기 : 끓는 물에 달걀을 넣고 10분간 익힌다. 건져서 찬물에 식힌 후 껍질을 벗기고 반으로 잘라 노른자와 흰자를 분리한다. 볼에 달걀노른자를 넣고 포크로 으깨며 머스터드, 소금, 후추와 잘 섞는다. 여기에 기름을 조금씩 넣어가며 잘 저어 마요네즈와 같은 질감을 만든다. 식초를 넣는다. 다진 케이퍼와 코르니숑을 넣고, 파슬리, 타라곤도 넣어준다. 마지막으로 잘게 다진 달걀흰자를 넣고 잘 섞는다. 냉장고에 보관한다.

송아지 머리는 면포를 제거하고 물기를 꼭 짠다. 먹기 좋은 크기로 썰어 끓는 물에 삶은 감자와 함께 서빙한다. 소스는 두 가지 중 선택하거나 혹은 두 가지 모두 준비해 기호에 따라 선택할 수 있도록 따로 서빙한다.

46 새로운 밀레니엄을 맞는 양고기 요리
1999

역사학자나 수학자의 어떤 설명보다도 어림잡은 숫자의 유혹이 더 크다. 지구상 인구는 대부분, 적어도 그레고리안 달력을 사용하는 사람들이라면 새로운 세기가 시작되는 날, 게다가 새로운 천년을 시작하는 날을 기념하는 축하 행사를 2000년의 첫날 하기보다는 1999년 12월 31일에서 2000년 1월 1일로 넘어가는 시점에 했을 것이다.

하지만 지구에서 가장 강력한 권력자 중 한 사람은 이런 혼동을 잘 이용했다. 2000년은 미국 대선이 있는 해였고, 빌 클린턴 대통령은 그의 두 번째 임기를 마무리하고 있었다. 정권이 바뀌는 시점에서 새 천 년을 맞이하는 축하연을 계획한다는 것은 민감한 문제였다. 결국 1999년 12월 31일 저녁 성대한 파티가 열렸다.

실제로 힐러리 클린턴이 주도하는 위원회는 3년 전부터 밀레니엄을 마무리하는 대규모 축하 행사를 준비해왔다. 이들 행사는 일 년 내내 열렸다고 해도 과언이 아니었고, 그중 백악관에서 열린 리셉션은 그 정점을 찍었다. 이 연회는 개인, 가족, 친구끼리 모이는 전통적인 축하 파티나 역대 미국 대통령들의 송년 파티와 스타일이 전혀 달랐다. 우선 초청된 손님 수를 볼 때 백악관 연회 역사상 최대 규모를 자랑했다. 이스트 룸에서 240명, 스테이트 다이닝 룸에서 125명, 그리고 로즈 가든과 재클린 케네디 가든에 설치된

야외 텐트 연회장에서 100여 명이 만찬을 즐겼다. 메뉴는 캐비아, 랍스터, 양
갈비, 샴페인 초콜릿 무스, 그리고 4종류의 (물론) 미국산 와인이 제공됐다.

식사를 마칠 무렵, 하객들은 링컨센터로 자리를 옮겨 다른 초청객들과
함께 저녁 특별 공연을 즐겼다. 퀸시 존스와 조지 스티븐스 주니어가 기획
했고, 윌 스미스가 진행을 맡았다. 또한 이 행사를 위해 특별히 제작된 스
티븐 스필버그 감독의 단편 영화 「끝나지 않은 여정(The Unfinished Journey)」
과 존 윌리엄스의 교향곡 오케스트라 「미국 여정(American Journey)」 공연이
이어졌다. 관람을 마친 하객들은 다시 백악관으로 돌아갔다. 저녁을 먹었
던 장소들은 이미 다른 분위기의 무도회장으로 변해 있었다.

마치 해변의 고급 나이트클럽 같은 멋진 분위기였고, 모두 밤새도록
춤추며 파티를 즐겼다.

송로버섯에 재운 양갈비 구이와 아티초크, 피망 스튜
Carré d'agneau mariné aux truffes, ragoût d'artichauds et de poivrons

- 송로버섯(60g짜리) 1개
- 올리브오일 250ml + 2테이블스푼
- 양갈비 8대짜리 랙 3덩어리
- 후추
- 작은 크기의 아티초크(artichauts poivrades) 1kg
- 스위트 양파 큰 것 1개
- 셀러리 2줄기
- 식용유
- 홍피망 2개

- 굵은 소금
- 마늘 4톨
- 토마토 500g
- 타임 넉넉히 한 자밤
- 월계수 잎 3장
- 레몬즙 1개분
- 바질 다진 것 2테이블스푼

하루 전날, 송로버섯 반 개를 곱게 다져 올리브오일 250ml와 섞어 양갈비에 조심스럽게 발라준다. 후추를 넉넉히 뿌린 뒤 알루미늄 포일로 감싸 냉장고에 넣어 하룻밤 재워둔다.

컨벡션 오븐을 220℃로 가열한다. 아티초트의 밑동을 잘라내고 모양을 다듬은 후 살을 반으로 길게 자른다. 양파는 껍질을 벗기고 얇게 썬다. 셀러리도 얇게 썬다. 중불에 기름을 달구고 양파와 셀러리를 3분간 볶는다. 피망은 꼭지를 제거하고 씨를 뺀 다음 큐브 모양으로 썬다. 양파와 셀러리에 피망을 넣고 부드럽게 익을 때까지 3~5분 정도 같이 볶아준다. 껍질을 깐 뒤 으깬 마늘을 넣고 1~2분간 더 볶는다.

양갈비 덩어리를 키친타월이나 면포로 꼼꼼히 닦아준다. 남은 반 개의 송로버섯을 뾰족한 모양으로 썬 다음 양갈비 사이사이에 박아준다. 오븐에 넣어 약 40분간 굽는다. 그동안 토마토의 씨를 빼고 큐브 모양으로 썰어 볶은 채소에 넣고 10분간 익힌다. 아티초크, 타임, 월계수 잎을 넣고, 물을 아티초크 높이의 반 정도 오도록 붓는다. 약한 불로 30분간 끓인다. 레몬즙과 바질을 넣어 완성한다. 오븐에서 꺼낸 양갈비에 곁들여 서빙한다.

47 영불 화친 협정 100주년 기념일 파티

2004

    1904년 체결된 영국 프랑스 화친협정(Entente cordiale) 100주년을 맞아 이를 축하하는 것은 선의의 발로였지만, 1세기에 걸쳐 양국이 겪어온 애증 관계를 기념한다는 점에서 그리 간단한 일이 아니었다. 자신의 마스코트 모자를 쓴 영국 여왕 엘리자베스 2세는 바람둥이 남편 필립 공을 대동하고, 하노버 왕조의 침착한 자태를 최대한 유지한 채 기념 파티에 참석했다. 여왕은 프랑스어로 다음과 같이 협정을 칭송했다. "굳건한 동맹 유지의 초석이 된 협약을 맺은 선견지명 덕택에 우리 양국은 20세기의 풍랑을 뚫고 헤쳐 나갈 수 있었습니다."

    이 축하연 식사를 위해 베르나데트 시라크 영부인은 직접 세브르산 도자기 세트를 골랐다. 또한 엘리제궁의 와인 저장고(다행히도 매각되기 전이었다)에 있는 귀한 와인이 식사에 나왔다. 1990년산 샤토디켐, 1988년산 샤토 무통로칠드, 1995년산 동페리뇽 샴페인 등 모든 와인은 모두 연령이 최소한 10년이 넘은 것들이었다.

    식사는 맛있는 클래식 요리로 시작됐다. 브로콜리 크림수프에 이어 소테른 젤리를 곁들인 거위 간 푸아그라와 브리오슈 무슬린(brioche mousseline, 동그란 모양의 브리오슈 빵)이 나왔고, 메인 요리로는 신선한 모렐 버섯을 채운 뒤 샴페인에 브레이징(braising, 건식열과 습식열 두 가지 방식을 이용한 방법으로 우리나라 찜과 비슷한 조리법)한 메추리, 노릇하게 볶은 사를라데즈 감자 요리 (pommes sarladaises, 감자를 둥글게 썰어 오리 기름에 노릇하게 구워 익힌 요리)가 나왔다. 이어서 치즈, 샹보르 케이크(La Chambord, 휘핑크림을 얹은 케이크의 일종)가 디저트로 나왔다. 이 모든 것은 2004년 4월 8일 프랑스 파리의 엘리제궁에서 이뤄졌다.

영국 여왕을 기쁘게 하려는 의도가 있었을까? 아마도 그랬을 것이다. 왜냐하면 정확히 말해 브로콜리 크림수프는 전형적인 프랑스 요리라고 볼 수 없기 때문이다. 로마인이 처음 알린 이 채소는 르네상스 시대부터 이탈리아인들의 사랑을 받았고 한니발 장군의 진출 이후 알프스를 넘어 20세기에 유럽 전역에 전파됐다. 예전에 유일하게 브로콜리를 재배했던 곳은 영국이었고, 영국인들의 브로콜리에 대한 특별한 사랑은 오늘날도 여전하다. 연회를 준비한 의전실과 주방 팀 모두 영국 여왕이 좋아하고, 영국의 브로콜리 역사를 살릴 수 있는 의미 있는 메뉴를 올려 영광의 자리를 빛냈던 것이다.

브로콜리 크림 수프

Velouté de brocolis

- 리크(서양대파) 2줄기
- 양파 1개
- 샬롯 2개
- 버터
- 감자 4개

217

- 브로콜리 2송이(800g)
- 육수 1.5리터
- 휘핑크림 250ml
- 소금
- 후추
- 큐민
- 체다치즈 혹은 파르메산 치즈 30g

깨끗이 씻어 얇게 썬 리크와 잘게 썬 샬롯을 버터를 녹인 팬에 넣고 수분이 나오도록 약하게 볶는다. 잘라놓은 감자와 브로콜리를 넣는다. 육수를 재료의 높이까지 붓고 후추를 넣어준다. 약한 불로 최대 20분간 끓인다. 크림을 넣고 5분간 더 끓인 뒤 핸드 블렌더로 간다. 간을 맞추고 큐민 가루를 넣는다.

얇게 저민 체다치즈 또는 파르메산 치즈를 얹어 서빙한다. 이 두 종류의 치즈로 얇게 튈을 만들어 곁들여도 좋다.

48 마하라자, 젊은 백작 부인 그리고 올드 펑크
2006

2006년 3월 14일, 인도의 라자스탄 지방 조드푸르 시에 있는 메랑가 요새에서 호기심 많고 열정적인 신참내기 프랑스 여기자가 뭔가를 취재하고 있었다. 이 책의 공동 저자이기도 한 그녀는 영국 보호령이었던 인도 일부를 지배한 토후국들의 왕 마하라자에게 큰 관심을 보였다. 1971년 제정된 헌법에 따라 공식적인 직함에서는 제외됐지만, 특히 라자스탄 지역에서는 아직도 이들의 권세가 대단했다.

2006년 3월 14일, 그날도 팔군(Phalgun, 힌두교의 음력 달력) 달력상 보름달이 뜨는 날이었다. 힌두교 최대의 명절 중 하나이며 '색의 축제'라고 불리는 홀리(Holi)도 이 달에 있었다. 이것은 선(Vishnu)이 악(Hiranyakashipu)을 물리친 것을 기념하는 축제다. 마하라자 가즈 싱에게 그해의 홀리 축제는 더욱 특별한 의미가 있었다.

그는 자신을 계승할 아들 시브라즈 싱에게 모든 것을 쏟아 부었다. 영국 이튼 칼리지에서 유학한 아들은 학교 폴로 팀에서 활약했는데, 학업보다 이 분야에서 더 두각을 나타냈던 것 같다. 그는 영국에서 명성과 평판이 낮은 옥스퍼드 브룩스 대학에서 공부했다. 고국으로 돌아온 그는 델리의 상류사회에서 플레이보이로, 그리고 폴로 선수로 유명했다. 2005년 2월 그는 폴로 경기 중 낙마해 말에 깔리는 사고를 당하고 몇 달간 혼수상태에

빠졌다. 2006년 초까지도 그는 움직이거나 말하기조차 힘든 상태에 있었다. 홀리 축제를 맞아 그의 귀환을 축하하는 행사를 대대적으로 준비했다.

문제는 두 가지였다. 우선 정치적으로 1971년 이후 마하라자는 인디라 간디, 더 넓게 말하자면 인도국민의회의 반대파에 연루돼 있었고, 마하라자 아들의 복귀는 자신의 왕위계승권을 강화하는 수단이 됐던 것이다. 또한 경제적 측면에서 보면, 이제 막 기지개를 켜고 일어난 개도국 인도에서 그는 관광산업과 자국의 예술 및 문화유산을 발판으로 발전을 이루리라고 조드푸르의 최고 통치자에게 장담했다.

그렇다면 이를 위해서 밥 겔도프의 인도주의적 노래 이후 재전환된 아일랜드 펑크의 옛 영광을 이용하는 것보다 더 좋은 방법은 없는 듯했다. 밥 겔도프뿐 아니라 모나코 캐롤라인 공주의 장남 파트리스 게랑 에르메스 등 몇몇 가수와 기자들은 홀리 축제의 인문학적·문화적 측면을 강조했고, 아편을 서로 건네주거나, 옷을 입은 채 온갖 색의 염료를 뒤집어쓰는 등 퍼포먼스를 하며 악에 대한 선의 승리를 기렸다.

메랑가 요새의 궁에서 열린 만찬은 아주 성대했고, 풍성한 진수성찬이 참석자들을 매료했다. 특히 라자스탄에서 가장 훌륭한 커리이며 스파이스 향이 강한 랄 마스(Laal Maas)를 대표로 꼽을 수 있겠다.

인도식 양고기 커리, 랄 마스
Laal Maas

- 홍고추(Guntur Sannam) 18~20개
- 코리앤더(고수) 씨 2티스푼

- 큐민 씨 1티스푼
- 마늘 10톨
- 생강 1톨(2cm)
- 카놀라유 250ml
- 뼈가 붙은 양 어깨살 500g(정육점에서 적당한 크기로 절단해온다)
- 소금
- 카츠리 파우더 20g(인도 식품점에서 구입가능) (kachri powder, 작은 멜론과 비슷한 과일로 만든 가루로 천연연육제로 사용된다)
- 작은 양파 2개
- 청고추 2개
- 카다멈 열매 4개
- 통계피 스틱 1개
- 넛멕
- 후추
- 고수 반 송이

냄비를 약불에 올리고 홍고추를 마른 상태로 5분간 구워 향을 낸다. 코리앤더 씨와 큐민 씨를 넣는다. 씨 알갱이가 냄비에서 튀어오르기 시작하면 불에서 내린 뒤 전부 절구에 빻는다. 마늘과 생강을 다진 다음 냄비에 기름을 조금 넣고 30초간 센 불로 볶는다. 여기에 양 어깨살을 넣고 골고루 지진 다음 소금과 카츠리 가루를 넣고 몇 분간 익힌다. 양파와 청고추를 다져 넣고 함께 볶는다. 양파가 노릇하게 익으면 카다멈, 통계피, 넛멕, 후추를 넣고 잘 섞는다.

빻아놓은 홍고추 가루를 넣고 1분간 볶는다. 물을 재료 높이만큼 붓고 뚜껑을 덮어 30분간 약하게 끓인다. 고기는 건져두고 소스는 원뿔체에 거른다. 소스를 다시 불에 올려 5분간 졸여 농축시킨 다음, 고기와 다진 고수 잎을 넣어 완성한다. 쌀밥 또는 인도식 빵인 난을 곁들여 서빙한다.

49 새로운 희망과 스위트 앤 사워 오리 요리
2009

2009년 1월, 미합중국 역사의 새로운 한 페이지가 시작됐다. 에이브러햄 링컨 탄생 200주년을 기념하는 해에 미국의 최초 흑인 대통령이 탄생한 것이다. 아프가니스탄과 이라크 전쟁에 개입했던 조지 W. 부시 대통령의 8년 임기는 끝났고, 새롭게 탄생한 대통령이 취임 선서를 했다. 많은 사람에게 새 대통령은 새로운 희망의 상징이었고, 이는 3일간 이어진 취임 행사에서 조금씩 드러나고 있었다. 취임식의 꽃이라고 할 수 있는 취임 선서와 연설, 그리고 오찬이 1월 20일 거행된 이 역사적 행사의 절정을 이뤘다.

취임식에는 '자유를 향한 새로운 탄생'이라는 이름이 붙었다. 에이브러햄 링컨의 게티스버그 연설이 "국민의, 국민에 의한, 국민을 위한 정부"라고 요약되며 미국 민주주의의 기초를 다졌던 역사에 비견될 수 있다.

2000년 새로운 밀레니엄을 맞이하는 축하행사 때처럼 존 윌리엄스가 특별히 「에어 앤 심플 기프트(Air and Simple Gifts)」라는 곡을 만들었고, 요요마와 이자크 펄먼이 연주했다. 놀랍게도 버락 오바마의 취임 연설에는 그의 전임자들이라면 좋아했을 법한 문장이 들어 있지 않았다. 그보다는 전직 대통령들, 특히 조지 워싱턴부터 에이브러햄 링컨에 이르는 미합중국 건국의 아버지들의 예를 많이 들었다. 언제나 그러듯이 링컨 대통령을 전례로 언급한 경우가 가장 많았고, 국회의사당에서 거행된 취임 기념 공식 오찬에서도 이런 분위기는 계속됐다.

음식은 링컨 정부 당시 백악관에서 사용하던 식기 세트와 마찬가지로 붉은색과 흰색 본차이나에 담겨 나왔고, 주빈 테이블 뒤편에는 1865년 토마스 힐이 그린 「요세미티 계곡의 풍경(View of the Yosemite Valley)」이 걸려 있었다. 이것은 1864년 에이브러햄 링컨 대통령이 일반 대중을 위한 국립 공원 제정의 토대를 만든 최초의 협약인 요세미티 그랜트에 서명한 것을 축하하고자 그린 그림이었다. 이렇듯 하나하나의 메시지는 철저하고 꼼꼼하게 계산되고 심사숙고해 준비됐다. 식사 메뉴는 새로운 밀레니엄을 시작하는 미국 취향을 반영해 전통적이면서도 세계를 향해 열린 요리들로 구성했다. 그렇게 해산물 수프와 시나몬 애플 케이크뿐 아니라 체리 처트니를 곁들인 오리 요리도 식탁에 올랐다.

체리 처트니를 곁들인 오리 가슴살 요리
Magrets de canard, chutney à la cerise

- 타라곤 1송이
- 토마토 1개
- 홍피망 1개
- 시럽에 절인 체리 180g
- 올리브오일 1테이블스푼
- 양파 작은 것 1개
- 마늘 3톨
- 샬롯 1개
- 큐민 가루 1자밤

- 고춧가루 1자밤
- 소금
- 후추
- 레드와인 50ml
- 설탕 1테이블스푼
- 애플사이더 식초 1테이블스푼
- 오렌지 즙 50ml
- 디종 머스터드 1/2테이블스푼
- 건포도(Golden) 30g
- 고구마 2개
- 무염버터 30g
- 갈색 설탕 1티스푼
- 당밀 3티스푼
- 메이플 시럽 1테이블스푼
- 큐민 1티스푼
- 오리 가슴살 6조각

타라곤은 잘게 다지고, 토마토와 피망은 굵직하게 다진다. 체리는 씨를 뺀다. 기름을 중불에 달군다. 양파와 마늘, 샬롯의 껍질을 벗기고 잘게 다져 기름을 달군 팬에 넣고 2분간 볶는다. 토마토를 넣는다. 큐민 한 자밤, 고춧가루 한 자밤, 소금, 후추를 넣고 30초간 잘 섞으며 익힌다. 불을 줄인 다음, 피망을 넣고 5분간 더 익히고 와인, 설탕, 애플사이더 식초, 오렌지 즙을 넣고 5분간 더 익힌다. 머스터드, 체리 분량의 반을 넣고 다시 5분간 뭉근히 익힌다. 따뜻한 온도로 식힌다. 혼합물 50ml를 덜어내 갈아서 퓌레로 만든다. 남은 혼합물에 나머지 체리, 타라곤, 건포도를 넣는다. 오븐을 180℃로 예열한다. 고구마를 1시간가량 굽는다. 고구마가 익으면 오븐에서 꺼낸 뒤 온도를 220℃(컨벡션 모드)

로 올린다. 고구마는 뜨거울 때 껍질을 벗기고 버터, 갈색 설탕, 당밀, 메이플 시럽, 큐민 1테이블스푼을 넣고 포크로 으깨어 매끈한 질감이 되도록 잘 섞는다. 간을 맞춘다. 오리 가슴살의 껍질 쪽에 격자모양으로 칼집을 낸다.

오븐용 냄비를 약한 불에 올려 달군 뒤 불에서 내린다. 오리 가슴살의 껍질이 아래로 오도록 놓고 10분 동안 기름이 녹아나오도록 둔다. 기름을 버린다. 체리 퓌레를 오리 가슴살에 골고루 발라준 다음, 껍질이 위로 오게 다시 냄비에 넣고 오븐에 넣어 6분간 익힌다.

오리 가슴살을 얇게 슬라이스하고 체리 처트니와 고구마 퓌레를 곁들여 서빙한다.

와인

훌륭한 식사란 정성껏 만든 세련된 요리와 좋은 와인으로 이뤄진 것이라는 정의처럼 이 둘은 떼려야 뗄 수 없는 관계다. 와인은 기원전 6,000년 캅카스에서 처음 포도를 재배한 이래 와인 양조의 효용성을 발견하면서 오랜 세월에 걸쳐 완성됐다. 그렇다고 고대 유럽에서 와인을 마시지 않았다는 것은 아니다. 거의 모든 유럽에서 '와인'이라는 단어를 말할 때 그레고리안 언어인 ghvin의 파생어를 사용하는 반면, 현대 그리스어만이 다른 단어인 κρασι(krasi)를 사용하는 것은 우연이 아니다. 이는 옛 그리스인들이 자신의 순수한 와인(οτνοξ, oinos)을 소비하지 않았기 때문으로 추정된다. 이 와인은 시럽처럼 농도가 짙고 불순물이 많아서, 양쪽에 손잡이가 달린 커다란 잔에 물을 타서 희석하거나 허브를 넣어 마셨을 것이다. 이런 관습은 그리스인들로부터 에트루리아인과 로마인들에게 전해졌고, 정복이 시작되기 이전부터 이미 갈리아 남부에까지 퍼져나갔다.

그곳에서 포도 경작 이후 두 번째 커다란 혁신이 일어난다. 갈리아인들은 기원전 3세기부터 이미 그들의 와인을 기존의 항아리가 아니라 커다란 떡갈나무 통에 넣어 저장하는 방법을 고안했다. 내용물인 와인과 보관 용기인 나무통의 상호작용으로 와인은 안정성이 높아졌고, 그때부터 좀 더 순수하고 발전된 상태의, 그리고 물을 타서 희석하지 않고도 마시기에 적합한 와인을 생산하게 됐다. 기원후 초반 몇 세기에 갈리아족의 와인, 특히 아키텐(Aquitaine)의 와인은 제국 전역에서 명성을 얻었다. 그런데 문제가 하나 있었다. 뚜껑을 한번 열고 나면 와인을 보존할 수 없어 가정에서 소비하는 데 어려움이 있었던 것이다.

여기서 세 번째 중요한 혁신이 일어났는데, 이는 영국과 프랑스의 합작품이었다. 영국인들은 가벼운 보르도 와인인 클레레를 아주 좋아했는데, 이것은 완전히 레드도 아니고 로제도 아닌 색을 띠고 있으며, 일단 산소와 접촉하고 나면 보존이 거의 불가능했다. 보르도 초대 국회의장이자 1649년부터 샤토 오브리옹을 소유하고 있던 아르노 드 퐁탁은 와인 저장고의 전문가들에게 연구를 위탁해, 배 부분이 볼록하고 병목이 길쭉한 독특한 모양의 와인 병을 만들었다. 게다가 이 병에는 코르크 마개가 있어서 이 작은 크기의 와인 병 운반과 보관을 쉽게 해줄 뿐 아니라 그 안에서 숙성될 수 있게 해줬다. 그의 와인은 금세 전 유럽에서 선풍적인 인기를 끌게 됐고, 1660년부터 영국의 왕 찰스 2세의 와인 저장고 책자에 언급된 오브리오노(Hobriono, le Haut Brion)를 찾아볼 수 있게 됐다. 이렇게 테루아 등 여러 요소를 고려해 만든 엄격한 등급 체계를 바탕으로 현대적인 와인이 탄생했고, 보르도 와인은 1855년 프랑스에서 열린 만국박람회 때 나폴레옹 3세가 법제화했다.

50 중화인민공화국 국가 원수의 베르사유 만찬
2014

군주 왕정, 베르사유 궁전, 마리 앙투아네트의 역사가 세계 다른 나라들에 어떻게 비치는지 살펴보는 일은 매우 흥미롭다. 폐허가 돼 옛 영화의 흔적만 남았던 베르사유 왕궁은 이제 마오쩌둥의 후계자들까지도 초대해 대접하는 장소가 됐다. 2014년 중국 국가주석의 공식 방문 때 베르사유궁의 그랑 트리아농에서 국빈 만찬이 열렸다.

알랭 뒤카스(Alain Ducasse) 셰프와 그의 조리 팀은 의욕이 넘쳤다. 모두 18코스의 메뉴가 준비됐다. 소금 크러스트를 씌워 익힌 왕의 텃밭 채소와 곁들임 양념, 개구리 뒷다리와 소렐 소스, 송로버섯을 넣은 따뜻한 뿔닭 파테, 바닷가재 라비올리와 부이용, 익힌 채소와 생채소 모둠, 캐비아를 얹은 도미와 비트, 모렐 버섯과 부드러운 뇨키, 작은 어선에서 잡은 가자미 필레, 낚시로 잡은 넙치 요리와 검은 송로버섯, 랍스터와 돼지감자, 셀러리, 땅콩을 곁들인 비둘기, 올리브를 박아 노릇하게 지진 송아지 흉선, 세이보리와 가지를 곁들인 어린 양 등심 요리, 열대 과일 바슈랭, 바닐라 밀푀유, 붉은 베리류 디저트, 헤이즐넛, 배 등이 준비됐다. 엘리제궁의 저장고에서 공수한 와인은 1998년산 동 페리뇽 샴페인, 도멘 퐁텐 가냐르의 2009년산 바타르 몽라셰, 2008년산 샤토 퐁테 카네, 2006년산 샤토 오브리옹과 도멘 트림바흐의 2002년산 리슬링 레이트 하비스트였다. 언론과의 인터뷰에서 알랭 뒤카스는 8분 간격으로 코스 음식을 냈다고 자랑스럽게 말했다. 물론 코스 음식의 양은 매우 적었고 부르봉 왕조 시대 식탁과 비교하면 가짓수도 훨씬 적었다. 사실 군주 왕정시대의 목적은 왕들을 포식시키는 것이 아니었다. 왕들은 자신이 좋아하는 음식 말고는 손도 대지 않는 경우가 허다했다.

소렐 소스의 개구리 뒷다리 요리
Cuisses de grenouilles et sauce à l'oseille

- 드라이 화이트와인 125ml
- 누아이(Noilly) 와인 125ml
- 생선 육수 125ml
- 다진 샬롯 40g
- 생크림 250ml
- 소금
- 후추
- 끓는 소금물에 살짝 데친 소렐(수영) 50g
- 식용 개구리 12마리(뒷다리)
- 밀가루
- 버터

소스팬에 화이트와인, 누아이 와인, 생선 육수와 다진 샬롯을 넣고 졸인다. 시럽 농도로 농축되면 고운 체에 거른다. 크림을 넣고 다시 졸여 농도를 조절하고 간을 맞춘다(서빙할 때 중탕으로 따뜻하게 다시 데울 수 있다). 씻어서 물기를 제거한 소렐을 소스에 넣는다. 개구리 뒷다리 살을 밀가루에 묻힌 다음 센 불에서 버터에 튀기듯 지져낸다.

조리 용어 해설

Abricoter (아브리코테) : 디저트나 케이크의 표면에 나파주를 얇게 발라 반짝이고 윤기나게 하다.

Bellevue (벨뷔) : 벨뷔 소 안심(le filet de boeuf en Bellevue)은 익힌 고기를 젤리와 함께 굳힌 요리로, 마담 퐁파두르와 그의 측근에 제공됐다.

Blanchir (블랑시르) : 달걀노른자와 설탕을 흰색이 될 때까지 세게 저어 혼합하다.

Braisage (브레자주) : 재료를 두꺼운 냄비에 넣고 뚜껑을 닫은 상태로 약한 불로 장시간 뭉근히 익히는 조리법.

　　filtrer le fond de braisage (필트레 르 퐁 드 브레자주) : 재료를 익히고 난 후 냄비에 남은 액체를 체에 거르다.

Brider la volaille (브리데 라 볼라이) : 가금류의 다리와 날개를 몸통에 붙여 실로 묶어 고정시키다.

Brouet (브루에) : 갈지 않은 걸쭉하고 소박한 수프.

Chaud-froid (쇼프루아) : 뜨거움과 차가움이라는 이름이 말해주듯이 쇼프루아는 닭, 고기, 생선 등을 불에 익힌 다음, 소스와 함께 차갑게 굳힌 음식을 말한다. 확인되지 않은 이야기에 따르면 프랑스의 장군이자 국가 원수였던 뤽상부르 공작이 닭고기 프리카세를 이 형태로 먹은 것이 이 음식의 기원이라고 전해진다.

Coffres (volaille) (코프르) : 가금류의 가슴살이 붙어 있는 흉곽 뼈.

Consommé (콩소메) : 닭 육수를 베이스로 해 끓인 뒤 달걀흰자를 이용해 불순물을 제거한 맑은 수프.

Cul-de-poule (퀴드풀) : 밑바닥이 둥근 볼.

Dariole (다리올) : 높이가 있는 원통형의 개인용 용기 또는 틀을 말하며, 동시에 그 용기에 만든 디저트나 음식을 지칭한다.

Déglacer (데글라세) : 조리를 한 뒤 팬이나 냄비에 눌어붙은 육즙에 액체를 넣어 불려 섞다. 디글레이즈하다.

Dégraisser (데그레세) : 기름을 제거하다. 액체의 기름을 제거하는 방법은 여러 가지가 있다. 가장 쉬운 방법은 차갑게 식힌 뒤 표면에 굳은 기름 층을 분리해내는 것이다.

Écumer (에퀴메) : 거품을 건지다. 육수나 조리하는 음식의 표면에 뜨는 거품이나 불순물을 거품국자로 건져내다.

Étamine (에타민) : 비교적 조직이 성근 면포(그러나 원뿔체나 기타 체망의 망굵기보다는 촘촘한 크기의 직조)로 육즙 농축액이나 소스 등을 거르는 데 사용한다. 또한 조리 중 재료의 모양이 흐트러지지 않도록 감싸주는 데 사용하기도 한다.

Fraiser (프레제) : 반죽을 작업대 바닥에 놓고 손바닥으로 누르면서 끊듯이 밀어주는 방법.

Galantines (갈랑틴) : 젤리처럼 굳힌 육류 또는 닭고기.

Lutter (une cocotte) (뤼테) : 밀가루에 물을 넣고 반죽한 뒤 코코트 냄비의 뚜껑 가장자리에 꼼꼼히 붙여 밀봉하다.

Masser (마세) : 혼합해 하나로 만들다. 두 물질이 잘 섞이지 않거나, 혼합물의 지방이 분리될 경우 이를 잘 섞어준다.

Mélasse (멜라스) : 당밀. 사탕수수나 사탕무를 정제할 때 부수적으로 나오는 찐득한 시럽과 같은 액체를 말한다. 사탕수수의 경우 당밀시럽(mélasse)과 섬유질 찌꺼기(bagasse)로 분리한다.

Mouiller (무이예) : 물이나 와인 등의 액체를 넣다. 요리에 국물을 잡다.

Moule à manquer (물 아 망케) : 원형 바닥과 테두리를 분리할 수 있는 타르트나 파이틀. 분리형 틀.

Pannequet (판케) : 팬케이크, 핫케이크. 작은 크기의 크레프와 비슷하며 말거나 접어 서빙한다.

Pâton (파통) : 반죽 덩어리를 소분한 것.

Pluches (플뤼슈) : 향신 허브의 잎. 예를 들어 이탈리안 파슬리의 잎만 뗀 것.

Pommes à l'anglaise (폼 아 랑글레즈) : 영국식으로 익힌 감자라는 뜻으로, 감자의 껍질을 벗긴 후 끓는 물에 넣어 삶은 것을 말한다.

Potager (포타제) : 채소밭. 혹은 요리용 화덕의 옛 이름.

Sabayon (사바용) : 달걀을 베이스로 만드는 크림. 중탕으로 계속 저어가며 익히는 까다로운 방법으로 만든다.

Sabler une pâte (사블레 윈 파트) : 반죽을 모래와 같이 부서지는 질감으로 만들다.

Tailler en matignon (타이예 앙 마티뇽) : 마티뇽(matignon), 마세두안 (macédoine), 미르푸아(mirepoix)는 채소를 정사각형으로 써는 방법이다. 크기는 마티뇽이 가장 작고 미르푸아가 가장 크다.

Vanner (바네) : 수프나 소스를 숟가락이나 주걱으로 천천히 젓다.

레시피 찾아보기

디저트 DESSERTS

감사의 말

우리는 (진심으로) 이 책의 기획과 구상을 열정을 갖고 수락해주신 엘렌 피아마(Hélène Fiamma) 편집장을 비롯한 파요 출판사(Éditions Payot) 팀원들, 씩씩한 인턴직원 로리 당뱅(Laurie Danvin), 회계팀, 편집부, 특히 가엘 퐁텐(Gaëlle Fontaine)에게 깊은 감사를 표합니다.

또한 언제나 대중들에게 요리의 전도사가 돼줬던 형제 다니엘 부르주아(Daniel Bourgeois, Saint-Jean-de-Malte, Aix-en-Provence)에게도 감사의 마음을 전합니다.

마리옹은 특별히 부슈리 니베르네즈(Boucheries nivernaises) 정육점의 정육 전문가들인 그레구아르(Grégoire), 프랑수아(François), 장 모리스(Jean-Maurice)와 오렐리오(Aurelio), 그리고 파리 부슈리 트리볼레 정육점(Boucherie Tribolet)의 자비에(Xavier), 랑(Lens)의 부슈리 뒤 상트르(Boucherie du Centre), 롱니드리(Longniddry)의 고스포드 농장(Gosford Farm), 또한 파리 소기자 생선가게(Poissonneries Soguisa)의 두 명의 기(Guy), 루아양(Royan)의 마르티메(Martimer), 마지막으로 랑의 바슬리 프리뫼르(Basly Primeur) 채소 가게에 고마움을 전합니다.

식탁의 의미

강현정(번역가)

'먹는다'는 행위의 의미는 무엇일까? 거기에는 단순히 생존에 필요한 영양분을 섭취한다는 차원을 넘어 쉽사리 포착할 수 없는 문화적·사회적· 역사적 가치와 경향이 개입한다. 단절과 개인주의를 반영하는 혼밥과 혼술이 유행처럼 번지는가 하면, 자존감을 상실한 자아를 달래고 때로 과장된 행복 이미지를 보여주고자 SNS에 식사하는 모습을 담은 동영상을 열심히 올리기도 한다. 결핍감이 심한 사람들은 타인의 '먹방'을 보며 대리만족하는 사례도 어렵지 않게 볼 수 있다.

'먹는다'는 것은 본능적인 욕구여서 미뢰를 통해 경험한 그 달콤한 순간은 뇌리에 새겨져 우리는 거듭 미각적 쾌감에 탐닉하게 된다. 그러나 이런 즉각적이고도 일차적인 만족 말고도 누군가와 함께 무언가를 먹는 행위는 그들이 함께 호흡하는 공기의 온도마저도 바꾸어놓는다. 그래서 부모는 늘 자식과 함께 '밥 먹기'를 원하고, 친구나 직장 동료끼리도 함께하는 회식이 중요하며, 혼례나 장례 등 집안 대소사에도 국가 정상들이 만나는 회담 자리에도 함께 식사하는 절차가 빠지지 않는다. 특히 조심스럽고 까다로운 관계에 있는 사람들이 음식을 함께 나누는 의식을 통해 서로 마음을 열고 적이 아니라 동지가 되는 상황은 마치 연금술과도 같은 마술적 변화를 떠올리게 한다. 물론, 이럴 때 음식은 온갖 정성을 다해 최고의 맛을 내야 하리라.

이 책을 번역하며 새삼 '식탁'의 의미를 생각했다. 그리스 로마 시대부터 오늘날에 이르기까지 특히 서양 역사에서 중대한 변화나 극적인 결정이 실현된 배경에는 언제나 그 시대 문화적 코드와 상황의 맥락에 맞춰 준비된 식탁이 있었다. 그 형식이나 규모는 물론이고 메뉴 선정 역시 치밀하게 계산된 공식 만찬도 있었고, 언론이나 대중에 공개되지 않고 은밀하게 이뤄졌던 중요한 식사 모임도 있었다. 역사적 사건과 관련된 인물을 돌아보고 그 순간, 그 장소에 있었던 음식들을 살펴보는 일은 대단한 역사적 사건을 되짚는 일과는 별개로 '짭짤한' 재미를 느끼는 일임이 틀림없다. 아니, 순수한 미식가들에게는 국빈 연회의 배경이 된 거창한 정치적 대의나 미사여구가 무성한 만찬사보다 오히려 식탁에 올라온 캐비아가 최고급 벨루가였는지, 정상들이 건배한 샴페인이 뢰더러였는지가 더 큰 관심의 대상이 될지도 모른다.

이 책은 말로만 전해 듣던 고대인들의 식탁, 중세 군주와 왕녀들의 식탁, 근·현대 세계 정상들의 식탁, 신화적 그룹 비틀스와 록의 왕자 엘비스가 함께 나눈 식탁에 이르기까지 절대 놓칠 수 없는 재미와 신기하고 놀라운 정보로 가득 차 있어 번역하는 내내 즐거웠다. 그런가 하면 한 자밤의 맛도 놓치지 않으려고 커다란 냅킨을 머리에 뒤집어쓰고 아르마냑에 익사한 멧새를 먹는 미식가들 일화에서는 안쓰러운 코미디 한 장면을 보는 듯했고, 사회주의자 미테랑 대통령이 죽기 전 먹고 싶은 음식으로 멧새 두 마리를 지목했다는 일화에서는 묘한 아이러니가 느껴지기도 했다. 독자들도 이 책을 통해 역사의 현장에 있었던 음식과 그 뒤에 숨겨진 사연, 치밀한 전략, 놀라운 일화, 미식 정보 등을 마음껏 즐기기를 바란다.

이 책이 뛰어난 박학다식으로 독자들을 즐겁게 해주는 것은 사실이지만, 벌써 2년 전인 2016년 출간된 데다 서양 식문화 이야기가 대부분이어서, 한국 독자들에게 '식탁의 역사'에서 큰 획을 그은 2018년 남북 정상회담을 둘러싼 식탁 이야기를 역자의 말에 덧붙이는 것도 의미 있겠다 싶었다.

2018년 4월 27일. 남북 정상회담에는 문재인 대통령이 제안했고 북한이 받아들여 성사된 만찬 메뉴 평양냉면은 온 국민의 화제가 됐고, 국내 평양냉면집들은 상상도 못 했던 특수를 맞아 집집이 문전성시를 이뤘다.

회담 당일, 판문점 내 북측 통일각에는 옥류관 제면기가 설치됐고, 옥류관 수석 요리사가 만든 평양냉면이 군사분계선을 넘어 남측 평화의 집으로 배달됐다. 이제 평화의 상징은 비둘기가 아니라 '평양냉면'라는 우스갯소리가 나올 만큼 이 친숙한 음식은 남북한 화해의 역사적 상징이 됐다.

만찬 식탁에는 평양 옥류관 냉면 외에도 김정은 위원장이 유년시절을 보낸 스위스 뢰스티를 재해석한 감자전과 문재인 대통령이 유년시절을 보낸 부산의 달고기구이가 올랐다. 또한 작곡가 윤이상의 고향인 남해 통영 바다의 문어로 만든 냉채, 김대중 전 대통령의 고향인 신안 가거도산 민어와 해삼초를 이용한 편수(만두), 노무현 전 대통령의 고향 김해 봉하마을에서 생산한 쌀로 지은 밥과 DMZ 산나물로 만든 비빔밥, 정주영 회장이 몰고 북으로 올라갔던 소떼의 고향인 충남 서산목장의 한우 숯불구이 등 지난 수십 년간 통일을 위해 노력한 인물들을 메뉴에서 구현하려고 노력한 흔적이 엿보였다.

2018년 6월 12일 열린 싱가포르 북미 정상회담 오찬 메뉴도 세간의 관심을 끌었다. 당시 메뉴는 미국과 북한, 싱가포르 현지 음식이 어우러져 조화를 이뤘다. 아보카도 샐러드를 곁들인 전통적인 새우 칵테일, 오이선, 허니라임 드레싱과 신선한 문어를 올린 그린망고 케라부가 전식으로 나왔다.

전채에 이은 메인 요리 구성도 비슷했는데, 먼저 소갈비 찜이 오븐에 구운 감자 도피누아(dauphinois), 데친 브로콜리와 함께 나왔고 이어 돼지고기를 탕수육에 홈메이드 XO 칠리소스를 곁들인 양저우식 볶음밥과 대구조림이 나왔다. 이 메뉴들도 역시 서양식 요리를 기본으로 싱가포르에서 많이 먹는 중국요리, 그리고 한식을 염두에 둔 구성으로 회담이 상징하는 화합의 의미를 담았다.

전채
- 아보카도 샐러드를 곁들인 전통 새우 칵테일
- 허니라임 드레싱의 문어와 그린망고 케라부(kerabu, 싱가포르 말레이시아식 샐러드)
- 오이선(오이에 소를 채운 한식 요리)

메인 코스
- 프랑스식 소갈비 찜, 도피누아 포테이토, 데친 브로콜리니, 레드와인 소스
- 탕수육과 XO 칠리소스를 곁들인 양저우식 볶음밥
- 무와 아시아 채소를 넣은 대구조림

디저트
- 다크초콜릿 가나슈 타르틀레트
- 하겐다즈 바닐라 아이스크림, 체리 쿨리
- 트로페지엔

부디 재미있고 맛있는 독서가 되기를!

역사는 식탁에서 이루어진다
역사적 순간과 함께한 세기의 요리 50

1판 1쇄 발행일 2018년 11월 1일
1판 2쇄 발행일 2019년 3월 19일
저　　자 : 마리옹 고드프루아·자비에 덱토
번　　역 : 강현정
발행인 : 김문영
디자인 : 김미리
펴낸곳 : 시트롱마카롱
등　　록 : 제2014-000153호
주　　소 : 서울시 중구 장충단로 8가길 2-1
페이지 : www.facebook.com/CimaPublishing
이메일 : macaron2000@daum.net
ISBN : 979-11-953854-8-5 03920

이 도서의 국립중앙도서관 출판예정도서목록(CIP)은 서지정보유통지원시스템
홈페이지(http://seoji.nl.go.kr)와 국가자료공동목록시스템(http://www.nl.go.
kr/kolisnet)에서 이용하실 수 있습니다.(CIP제어번호: CIP2018031707)